当成语遇上科学系列

当成语遇上物理学

杨柳芳 蒋加林／编著
何 淼／绘图

- 有趣的成语故事
- 丰富的成语知识
- 严肃的科学原理
- 深刻的人生启示

四川辞书出版社

图书在版编目(CIP)数据

当成语遇上物理学 / 杨柳芳, 蒋加林编著; 何淼绘图. —成都: 四川辞书出版社, 2021.6
（当成语遇上科学）
ISBN 978-7-5579-0836-2

Ⅰ. ①成… Ⅱ. ①杨… ②蒋… ③何… Ⅲ. ①汉语—成语—少儿读物 ②物理学—少儿读物 Ⅳ. ① H136.31-49 ② O4-49

中国版本图书馆 CIP 数据核字（2021）第 088133 号

当成语遇上物理学
DANG CHENGYU YUSHANG WULIXUE

杨柳芳　蒋加林　编著　何淼　绘图

策　　划	胡彦双
责任编辑	钟　欣
封面设计	墨创文化
责任印刷	肖　鹏
出版发行	四川辞书出版社
地　　址	成都市槐树街 2 号
邮政编码	610031
印　　刷	成都紫星印务有限公司
开　　本	700 mm×1000 mm　1/16
版　　次	2021 年 6 月第 1 版
印　　次	2021 年 6 月第 1 次印刷
印　　张	10
书　　号	ISBN 978-7-5579-0836-2
定　　价	25.00 元

- 版权所有，翻印必究。
- 本书如有印装质量问题，请寄回出版社调换。
- 发行部电话：（028）87734281　87734332

当成语遇上科学

——一次"事半功倍"的尝试

每个人的成长都离不开成语。

提到成语,我们首先想到的便是一段段令人深思的历史,一个个耐人寻味的启示。

但,成语所包含的内容远远不止这些。

花鸟虫鱼、飞禽走兽、草木芳菲,成语中的生物学知识无处不在。在含有数字、量词、图形等的成语中,我们又能发现很多数学和几何知识。颜色、声音、温度,成语中的物理学知识就更加丰富了。当然,天文、地理的知识也能在成语中找到。古人将科学现象和科学原理通过言简意赅的成语表达出来,展现了让后人惊奇的智慧。

成语与科学经常出现在我们的生活和学习中,它们看似毫不相干,实际上有着深刻的渊源。将学习成语和学习科学知识相结合,是一种跨学科学习的尝试。我们通过一种知识联系到另一种知识,可以加深对知识的理解,提高对知识的迁移和运用能力。我们在学习过程中,既能在成语故事的情境中准确快速地理解科学知识,又能感受成语的语言之美,可谓一举两得。

有鉴于此，我们策划了"当成语遇上科学"丛书，包括《当成语遇上生物学》《当成语遇上数学》《当成语遇上物理学》，希望能为你们带来全新的阅读体验，让你们发现更有趣的学习知识的途径和方法。

快打开这套书吧！有趣的成语故事、严谨的科学原理、丰富的成语知识、深刻的人生启示，都在这套书中。

目 录

百步穿杨 **001**

暴风骤雨 **004**

杯弓蛇影 **007**

杯水车薪 **010**

冰冻三尺，非一日之寒 **013**

冰寒于水 **016**

沉李浮瓜 **019**

打草惊蛇 **022**

斗转星移 **025**

风驰电掣 **028**

釜底抽薪 **031**

赴汤蹈火 **034**

高山流水 **037**

隔墙有耳 040

管中窥豹 043

归心似箭 046

海市蜃楼 049

疾言厉色 052

交头接耳 055

近朱者赤，近墨者黑 058

镜花水月 061

刻舟求剑 064

空穴来风 067

劳而无功 070

立竿见影 073

怒发冲冠 076

排山倒海	079
平流缓进	082
琴瑟和鸣	085
曲高和寡	088
热火朝天	091
热气腾腾	094
如影随形	097
如坐针毡	100
石沉大海	103
势均力敌	106
水滴石穿	109
水涨船高	112
随波逐流	115

脱颖而出 ………………………………………… 118

危如朝露 ………………………………………… 121

五彩缤纷 ………………………………………… 124

弦外之音 ………………………………………… 127

削铁如泥 ………………………………………… 130

一泻千里 ………………………………………… 133

一叶障目，不见泰山 …………………………… 136

凿壁偷光 ………………………………………… 139

真金不怕火炼 …………………………………… 142

钻木取火 ………………………………………… 145

坐井观天 ………………………………………… 148

百步穿杨

养由基射箭

在楚国，有一个叫养由基的人，他非常喜欢射箭，常常对着树练习，久而久之，成了一名射箭高手。

有一次，养由基当众表演，他在距离柳树一百步远的地方开始射箭，每射一箭都能穿中柳叶的中心，周围的人看到后，纷纷赞叹。养由基听着这些赞美，心里很高兴。可是，有一个人却说道："我很擅长射箭，可以教他怎样射箭。"养由基和周围的人听到后，都奇怪地看着那个人。有人问："你的射箭技术比养由基好吗？"那个人说："当然。"养由基心里很不高兴，就说："那我们来比比看谁射得好。"那个人答应了。

比赛开始了，两人都射了十箭，成绩不分上下。周围的人说：

"好了，打平了，都一样厉害。"那个人听了说："不，还没结束，继续比，后面一定会是我赢的。"养由基一听，又不高兴了，心想：比就比，我才不怕你呢！结果两人一直比了两个小时，养由基体力渐渐不行了，终于败给了那个人。

这时候，那个人说："我教你射箭并不是要教你如何射，而是想教你如何调整气息。如果气息调整得不好，射的时间长了，身心疲倦，你就会拉不开弓，会把箭射斜，致使箭射不中目标，这样前面的成绩就白费了，你的名声最终会受到影响。"

养由基一听，终于点头道："先生真是高人啊！"

为什么可以练出百步穿杨的本领？

如果我们有机会练习射击或者射箭，练习之前，教练首先会告诉我们"三点一线"的原理：射击时，用眼睛通过准星看被瞄准的目标，眼睛、准星、目标这三个点在空间上要连成一条直线；射箭时，眼睛、弓箭上的弦的中心点、目标，这三个点也要连成一条线。如果这三个点不在一条线上，射出的子弹或

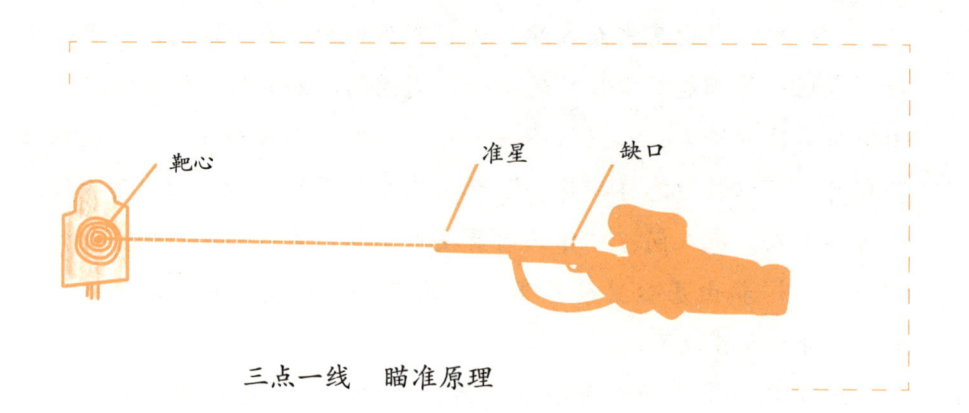

三点一线　瞄准原理

箭就不容易击中目标。在练习射击和射箭时，首先要练习瞄准后手保持平稳，不抖动，保证射出的子弹或箭在我们预想的直线上运行。

由于子弹和箭在运行过程中的轨迹并不是完全呈直线，而是呈抛物线，特别是射箭，当射出的速度不是很快而射程较远时，箭的轨迹呈抛物线的现象便更加明显，所以在实际射击或射箭时，还要考虑运动轨迹为抛物线的情况，将目标稍稍抬高。不同的枪械、不同的距离，抛物线的弯曲程度不同。射箭时，不同的拉弓力度、不同的目标距离，抛物线的弯曲程度差异较大。鉴于此，需要反复练习，不断校正这种差异。只有不断总结经验，并能根据不同情况做出准确的校正，加上稳定的发挥，才能练出百步穿杨的本领。

出处：唐代周昙《咏史诗·春秋战国门·苏厉》："百步穿杨箭不移，养由堪教听弘规。"

释义：能在一百步以外射中杨柳的叶子。形容箭法或枪法十分高超。

小锦囊：在生活中，学会一种技术不难，难的是如何使技术达到最高水平，这需要不断地练习与思考。

暴风骤雨

|热心助人的小长颈鹿|

有一天暴风骤雨,森林里的小动物们都躲在家里不敢出门。

这时候,小长颈鹿透过窗户看到了还站在荷叶上的小青蛙,小长颈鹿就想:小青蛙真可怜呀,被雨淋湿了,它一定是找不到家了。照这样下去的话,它一定会感冒的。于是,小长颈鹿就撑起伞走了出去。它来到河边,对着小青蛙大声说:"小青蛙,你游过来吧,我带你去我家。"

小青蛙正在荷叶上呱呱地叫着,看到小长颈鹿后,露出一副奇怪的表情,说道:"我为什么要去你家?"小长颈鹿说:"我这是在帮助你呀,你都被淋湿了,会感冒的。"

小青蛙听了,哈哈大笑起来,说:"小长颈鹿,谢谢你了!不过，我才不怕被淋湿呢，我喜欢这样的天气。你瞧瞧，暴风骤雨好像正在和我玩游戏呢！"说完，小青蛙扑通一声，跳进了水里，快乐地游走了。

小长颈鹿只好闷闷不乐地走回家。它把这件事告诉了妈妈，妈妈听了，蹭了蹭它的小脸蛋，说："表扬我家的小宝贝，你是一个热心助人的小朋友。但是，小青蛙不像我们，它是两栖动物，生活在水边，根本不怕这样的天气。"

小长颈鹿听了妈妈的话，终于笑了。

暴风骤雨是一种怎样的场景？

暴风骤雨指又猛又急的大风雨。比喻声势浩大，发展急速而猛烈。

那么，暴风骤雨是一种怎样的场景呢？

台风的卫星云图

我们知道，风实际上就是自然界中空气的流动。在自然界中，温差使空气从高温区向低温区移动，气压差使空气从高气压区向低气压区移动。空气在移动的过程中本来是没有声音的，但是它所到之处都会遇到很多和它的移动速度和方向不一致的东西（包括地面，我们可以称之为障碍物），风对障碍物会产生一个推力，使物体发生振动，因而发出声音。风的等级越高，物体发生振动的频率越高，振幅越大，所以，风越大，其声音听起来就越尖利、越震撼。

雨则是从云里降落的水滴，雨滴在重力作用下自由下落，同时要克服空气的阻力，雨滴越大，下落的速度越快。因此，大雨滴落在建筑物上或树叶上就会发出较大的声音，加上暴风，就让人感到暴风骤雨声势浩大。

出处：《老子》第二十三章："故飘风不终朝，骤雨不终日。"

释义：暴：突然而猛烈。骤：急速。猛烈而急速的大风雨。比喻声势浩大，发展急速而猛烈。

小锦囊：在暴风骤雨来临时，如果你还在室外，应采取相应的安全防范措施。在生活中，也常常会有诸如暴风骤雨般的突发灾难，所以我们需要在平时多培养自己的心理素质与应变能力。

杯弓蛇影

|朋友生病了|

晋朝时，有一个人叫乐广，他是一个十分好客的人，经常邀请朋友来家里小聚。

有一次，乐广又邀请朋友来喝酒。这个朋友是刚认识的，第一次来到乐广家，还特别带了贵重的礼物，显得非常周到有礼，乐广赶紧拿出好酒好菜招待他。

几杯酒下肚后，这个朋友发现了一个情况，只见他的酒杯里隐隐约约有一条小蛇在游动，他吓坏了，但盛情难却之下他只好喝下。随后他感到很恶心，于是急忙告辞。

这个朋友回到家后，心里一直想着这个事，几天后就生病了。医生来给他看病，却看不出什么问题。直到乐广来看望他时，才知道他因为怀疑杯子里有毒蛇，所以一直闷闷不乐、心中恐惧才生病的。后来，乐广就在家里上下观察了一遍，发现墙上有一张弓，弓的影子倒映在酒杯里，看起来就像一条小蛇。

于是，他再次把朋友请到家里，让朋友看清楚墙上的弓，再请他看看杯子里的影子。朋友终于明白了真相，病立刻就好了。

为什么会出现"杯弓蛇影"？

首先要明确，这里的"影"是弓的像，而不是蛇的影子。

我们知道，由于光是沿直线传播的，在传播过程中，遇到不透明的物体，在物体后面光不能到达的

墙上的弓反射过来的光线经过液面和杯底的反射和折射最终在眼睛里形成液面以下的虚像，就好像是一条蛇悬浮在杯中。

区域便产生影子。弓挂在墙壁上，不可能在杯中留下影子，但可以通过反射在杯中产生"虚像"。由于这个虚像很小，加上心理作用，所以弯着的弓在那个朋友看来就如同一条小蛇一样，如果杯中的酒轻微晃动，这条隐约可见的"小蛇"看起来就像在游动。

在这个故事中，酒杯内壁底部正好相当于一块凹面镜，当物距大于两倍焦距时，凹面镜成倒立的缩小的像。而弓到酒杯底（凹面镜）的距离远大于这个凹面镜的两倍焦距，因此在杯中能看到弓的缩小的像。倒入酒后，相当于增加了一块"酒凸透镜"。这样弓将先由这个"酒凸透镜"成像，再由凹面镜成像，最后再由这个酒凸透镜成像，人眼看到的就是最后这个像。

出处：汉代应劭《风俗通义·怪神》："时北壁上有悬赤弩，照于杯，形如蛇。宣畏恶之，然不敢不饮。"

释义：有人请客吃饭，挂在墙上的弓映在酒杯里，客人以为酒杯里有蛇，疑心中了蛇毒，回去就生病了。比喻疑神疑鬼，妄自惊慌。

小锦囊：在生活中无论遇到什么问题，都要进行深入的调查研究，看清楚事情的真相，而不能像那位朋友一样，杯弓蛇影，轻率地下结论。

杯水车薪

樵夫的柴车

这一天,骄阳似火,把大地万物烤得有气无力的。

一个以卖柴为生的人刚从山上砍了一车柴,他拉着柴车走在路上,被火辣辣的太阳晒得满头大汗,他想:有个落脚的地方歇一会儿就好了。这时,他看到了前方不远处有一个小茶馆,便拉着柴车走过去。来到茶馆门前时,他先把柴车放在旁边,然后就走进去买了一壶茶。

刚喝下一杯茶水,忽然听到有人在门外喊:"着火了!着火了!柴车着火了!"

喝茶的卖柴人赶紧端着茶杯跑出去。当看到自己的柴车着火了,他顺手就把杯子里的茶水泼了过去,但火并没有被浇灭。他只好又跑回茶馆，再往杯里倒入茶水，继续把杯里的水泼向柴车，这样来来回回跑了几趟，壶里的茶水倒完了，那柴车的火却并没有被浇灭，最终柴车被烧成了灰烬。

卖柴人看着自己辛辛苦苦砍回来的柴变成了灰，一屁股坐在茶馆门前，半天说不出话来。旁边的人看到了，对他说："一个小杯子装的水怎么能浇灭一车柴的火呢？别难过了，吸取教训吧！"

为什么一杯水灭不了大火？

当发生火灾时，常常可以看见消防员从消防车里拿出长长的水管，接上消防车后，向着燃烧处喷去，水到之处，火势很快变小，最后，火被浇灭。

同样是水，为什么消防员用的水管里的水可以浇灭大火，而卖柴人茶杯里的水却不能浇灭火而保住柴呢？

原来，物质的燃烧必须同时具备以下三个条件：一是必须有可燃物；二是温度必须达到着火点；三是必须有充足的氧气。我们可以通过以下方式灭火：一是隔绝可燃物；二是降低燃烧物的温度；三是隔绝空气。消防员喷水灭火实际上是同时运用了降低燃烧物的温度和隔

隔离灭火	冷却灭火	窒息灭火
（隔绝可燃物）	（降低燃烧物的温度）	（隔绝空气）

绝空气这两个方法。

当水被喷到大火中，水与炽热的燃烧物接触后会很快被汽化，汽化的过程会吸收大量的热量，从而使燃烧物表面的温度迅速降低，当温度降到着火点以下时，火就会熄灭。同时，水汽化后形成的水蒸气也会起到隔绝空气的作用。

当一杯水泼到大火中后，汽化时带走的热量不足以使燃烧物的温度降到着火点以下，所以柴火会继续燃烧。

出处：《孟子·告子上》："今之为仁者，犹以一杯水救一车薪之火也；不熄，则谓之水不胜火。"

释义：薪：柴草。用一杯水去扑灭一车着了火的柴，比喻无济于事。

小锦囊：做重大事情的时候，除了要有信心和勇气以外，还要用科学的头脑去解决问题，才能达到目标。

冰冻三尺，非一日之寒

|用脚写字的人|

这天，街头出现了一位用脚写字的人，大家纷纷围上前去看，只见他的字写得龙飞凤舞，笔锋遒劲，在场观看的人连连叫好。

这是一位残疾人，他双手都没有，靠一双脚劳动挣钱。他的脚看上去和普通人的没什么两样，但是写起字来非常灵活。在场的一个观众想考考他，就把铺在地上的纸拿起来，贴在墙上，说："先生，能和我比比速度吗？"那个人立即点头道："没问题。"

比赛开始了，那个观众用手奋笔疾书起来，而那位残疾人抬起脚也飞速地写起来。很快，比赛结果就出来了，用手写字的观众比用脚写字的残疾人快了一秒钟。虽然如此，周围的人还是朝用脚写字的残疾人竖起了大拇指，他们都被他的执着精神感动了。

这时，那位残疾人朝对方的字看去，笑了笑说："先生，您再看看您写的'餐'字。"大家这才注意到一个"餐"字，原字是十六画，而那个用手写字的观众写的是不规范的简体字"歺"，只有五画，用脚写字的人写的是原字，从笔画的数量上来说，相差了十一画啊！

用手写字的那个观众感到不好意思，朝用脚写字的残疾人说道："冰冻三尺，非一日之寒。先生的技艺比三尺之冰还要深厚，看来真是下了很大的苦功啊！"

为什么一日之寒不能造成冰冻三尺？

每到冬天，当气温低至0℃以下时，水面就开始出现结冰现象。这一天的寒冷为什么不能产生冰冻三尺的景象呢？

根据物理学知识，水结冰的过程就是由液态转为固态的过程，要

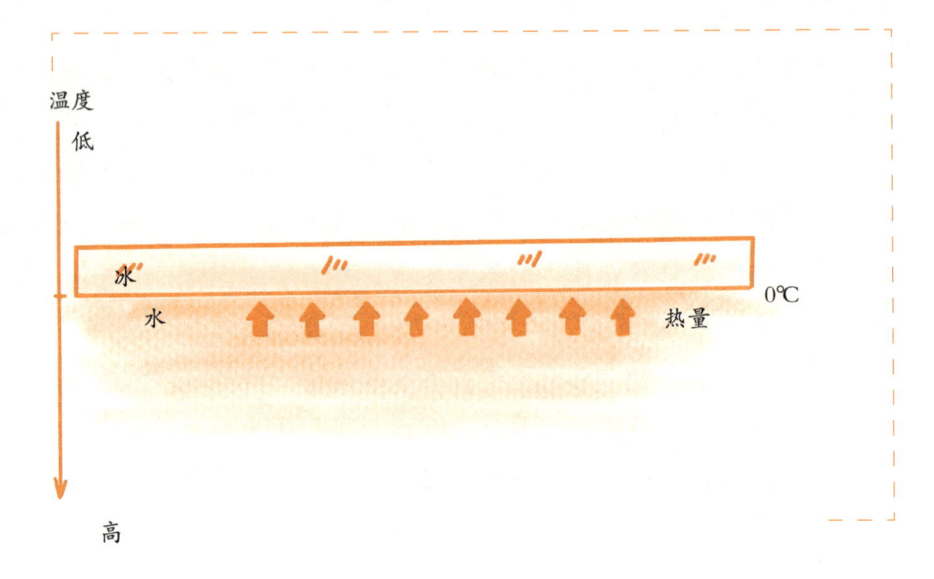

014

想完成这个转换,必须满足水温降至0℃以下这个条件。但是,水对温度的传导性比较差,当气温降低到0℃以下时,水面的温度迅速降低到可以结冰的温度,于是结成薄薄的冰,但水下的温度还会继续保持之前的温度,不会马上结冰。同时,水在结冰的过程中会不断地释放热量,降低周围更多的水结成冰的速度,所以,要想让更多的水转化成固态的冰,必须让冷空气持续不断地补充进来,带走这部分热量,降低水的温度,使其达到结冰的温度。

当水结成冰后,对温度的传导性大大增强,于是较低的气温通过冰层传递给与冰相接的水体,这部分水体又慢慢结冰,这样经过长时间的积累,水才能结成厚厚的冰层,达到"冰冻三尺"的效果。

出处:原作"冰厚三尺,非一日之寒。"明代兰陵笑笑生《金瓶梅词话》:"月娘听见大姐吊死了,经济娶娼的在家,正是冰厚三尺,不是一日之寒。"

释义:冰厚三尺,不是一天的寒冷造成的。比喻事物变化大到某种程度是日积月累、逐渐形成的。

小锦囊:人生的成功往往需要长时间的坚持和努力,正如冰冻三尺,非一日之寒。

冰寒于水

聪明的小乌龟

动物学校开学了,这学期,小乌龟和小白兔成了同班同学,他们的老师是动物界很有威望的白马先生。

白马先生教学经验丰富,它把很多知识都传授给了小乌龟和小白兔。可是小乌龟提出的一个问题难住了它。小乌龟说:"老师,我要用什么方法才能跑赢小白兔呢?"白马先生想了很久,仍然想不出好办法,只好叫小乌龟自己回去研究。

两个月过后,小乌龟找到白马先生并对它说:"老师,我已经想出好办法了,请你为我和小白兔举行一场跑步比赛吧。"白马先生听了,半信半疑,但还是尊重了小乌龟的想法,它号召所有动物都来观看这场比赛。

比赛开始了，白马先生吹响了口哨，小白兔一瞬间就冲了出去，而小乌龟才迈出了几步，正当大家都在为小乌龟捏一把汗时，只见小乌龟的四只脚下突然"长"出了四个轮子，那轮子迅速转动起来，只用了几分钟的时间就把小乌龟送到了终点线。

在场的动物们都惊呆了，小乌龟这才不紧不慢地说："老师，这是我通过自己的智慧发明的鞋子。"白马先生一听，立即竖起了大拇指，夸道："你的能力已经超越老师了！"

为什么冰比水更冷？

在自然界，物体只存在三种形态：固态、液态、气态。水的三种形态在我们生活中经常见到。

水的温度在0℃~100℃范围内时是液态，超过100℃时是气态，低于0℃时是固态。冰就是水的固态形式，所以，仅从温度上来说，冰的温度比水的温度低。

如果我们将手伸进水里，随着水温的变化，手会有不同的感觉，和人的体温相近的温度人感觉最舒适。通常情况下，低于12℃的水，人就会感觉到凉；高于60℃的水，人就会感觉到烫。如果水的温度相

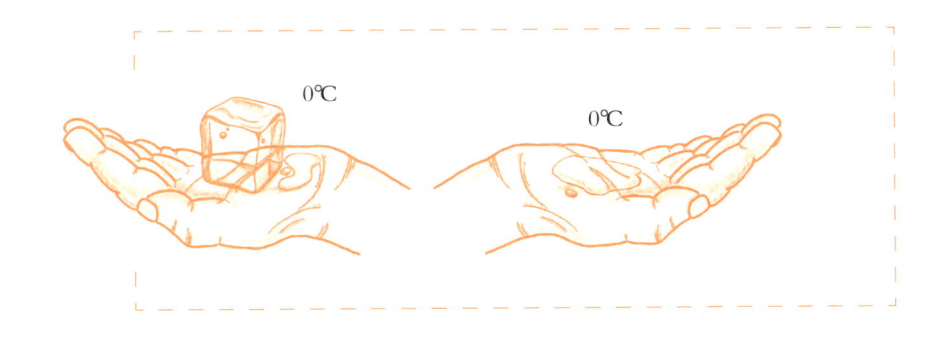

差不大（比如仅相差2℃~3℃），大多数人的手是感觉不出来的，说明手对温度的细微变化没有那么敏感。

如果一只手放进接近0℃的水中，一只手拿住接近0℃的冰，仍然会感觉拿冰的手冰冷刺骨，温度明显比水低很多。为什么呢？

冰是固体，当手与它接触时，由于手的温度较高，因此与手接触的冰就会吸收手的热量而液化成水，手的热量很快被吸走了，所以手会感觉到冷。

出处：荀子《劝学》："冰，水为之，而寒于水。"

释义：冰比水冷。指后来居上，比喻学生胜过老师。

小锦囊：要想超越别人，就要有一种执着的精神，即使在艰苦的环境下，也要努力去寻找真理。

沉李浮瓜

暑假的一天

暑假的一天，天气非常热，人们都不愿出门。

小明叫了邻居家的几个好朋友来家里玩，几个小朋友刚进门就嚷起来："热死了，热死了，有冰棒吃就好了。"

小明一听，急忙去翻冰箱，翻了半天也没找到一根冰棒，他这才想起来，昨天他已经把冰棒吃光了。他不好意思地说："冰棒没有了，我把空调打开吧。"

几个小朋友忙说"好！"玩了一会儿后，小朋友们又嚷起来："热死了，热死了！你家的空调怎么一点也没起作用呀？"

小明也感觉到热了，心想：这空调不会是坏了吧？于是，他打电话给上班的爸爸，爸爸说："你找些沉李浮瓜给他们消消暑吧。"

"什么是沉李浮瓜？"小明听不明白。

爸爸在电话那头哈哈笑道："就是我早上放到冷水里的水果啊。"

小明这才想起来，是哟，早上爸爸在冷水里加了冰泡了李子和西瓜。他急忙拿出来招待小朋友们，大家吃了后，终于感觉凉快一些了。

> 同样在水里，为什么有些水果沉下去，而有些水果浮起来呢？

如果我们将各种水果放进水里，就会发现：李子会沉到水里，而瓜则会浮在水面上。

同样在水里，为什么水果有些沉下去，而有些浮起来呢？

原来，每一种物体都有一个物理量叫密度。当我们将一种物体放进水里时，如果这种物体的密度大于水，那么它就会下沉，反之，如果这种物体的密度小于水，它就会上浮。

阿基米德定理

$F=\rho_{液}gV_{排}$

F：浮力

$\rho_{液}$：液体的密度

g：重力加速度

$V_{排}$：物体排开水的体积

Archimedes（B.C.287—B.C.212）

虽然 $F_1 < F_2$，但 2 的密度大，重量也大，所以 2 沉下去了。

将一块木头放进水里，由于木头的密度小于水的密度，所以木头会浮起来；将一块铁放进水里，铁则会下沉，因为铁的密度大于水的密度。

同样的道理，李子的密度比水的密度大，所以下沉；瓜的密度比水的密度小，所以上浮。

如果将铁皮做成中空的某个东西，也可以浮在水面上，比如铁船。为什么呢？因为铁船在水面上是否下沉受两个力的影响：一个是向下的重力，即自身的重量；另一个是向上的浮力，即下沉时排开水的重力。当浮力大于船向下的重力时，铁船就可以浮在水面上，而增加排开水的重量的办法就是增大铁船与水的接触体积，体积越大，排开水的重量越大。

出处：三国魏曹丕《与朝歌令吴质书》："浮甘瓜于清泉，沉朱李于寒水。"

释义：在冷水里浸过的瓜果。形容夏天消暑的生活。

小锦囊：在生活里，保健也是一件需要智慧的事情，我们要学会选择合适的保健方法，使自己的身体更舒服、更健康。

打草惊蛇

|王鲁的感受|

王鲁是南唐时期当涂县的一个县令,他是一个非常贪婪的人,只要有利可图,就会颠倒黑白。而王鲁的下属看到自己的上司这样,也都纷纷学他,能贪的就贪,能敲诈的就敲诈。这使老百姓非常气愤,可一时又不知道用什么办法来惩治他们。

有一次,朝廷派人下来巡视工作,老百姓知道后,就联手写了一张状纸,把县衙里的几个官员告了上去。状纸首先递到了王鲁的手上,他看到状纸的内容后吓了一跳,上面所举的犯罪事实和他平时做过的坏事大都有关联。他想,要是朝廷严查下来,肯定会扯到自己头上的,这样的话,自己就难保了,这可怎么办呀?他越想越怕,顺手就提笔写道:"你们虽然现在只是打草,但是已经惊吓到草丛里的蛇了。"

写完，王鲁一屁股坐到地上，不知如何是好。

为什么打草能够惊动蛇？

虽然耳朵是重要的听觉器官，但并不是唯一的听觉器官，有些动物是通过骨头感知外界的振动而"听"到声音的。蛇就是这样一种动物。

蛇是没有耳朵的，但蛇的头中有一根骨头叫耳柱骨，可以感知外界的振动，并通过振动来判断周围的环境，预判危险和猎取食物。

当我们用棍子打动草的时候，草会产生一定的振动，这种振动可以通过周围的草和空气向外传递。如果蛇就在周围，它便可以通过接收草的振动而判断四周的动静，这就是"打草惊蛇"的物理原理。

其实，人也可以通过骨头接收声音：当我们将头贴在铁轨上，从

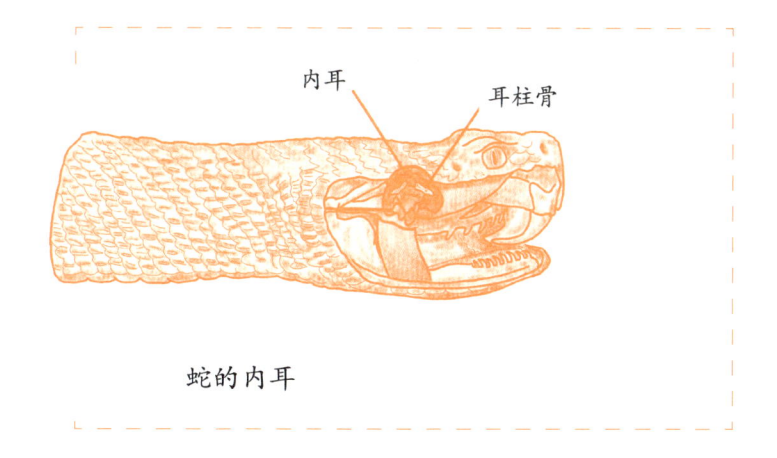

蛇的内耳

很远开过来的火车会让铁轨产生振动，这种振动通过铁轨传导到人的听觉软骨，人就可以听到声音了。

出处：宋代《祖堂集·七·雪峰和尚》："雪峰招搊。龙云：'养子代老。'慈云：'打草惊蛇。'"

释义：打草惊动了草里的蛇。原比喻打击了这个人，使有关的人也受到警告。后多比喻做法不谨慎，反使对方有所戒备。

小锦囊：通过这个成语我们要懂得在实施一个计划的时候，要学会考虑到周围的因素，这是有效实施计划的重要条件。

斗转星移

小猴子的家去哪里了？

有一只小猴子喜欢去旅行，当它周游世界后回到原来的森林时，令它感到奇怪的是，这个地方一点也不像它的家，以前它的家到处都是树，还有一条清澈的小河，它经常在树上蹿来蹿去，有时候还会摘些野果和小动物们分享。

可是，它眼前这个地方，树木变得很少，小河也变得黑黑的了，土地裸露出来，连小草都没有，小动物们也不见了，有些人还在森林里建起了房子，远处还有浓烟冒出来。小猴子想：我会不会走错地方了呢？于是，它不停地找啊找啊，它一定要找到刻有字的那棵树。那些字是它去旅行前在自己最喜欢的一棵树上留下的记号。终于，它找到了，可是那棵树已经倒下了，上面的字还在，"我爱我家"四个字像四个垂死的小动物一样映进了小猴子的眼睛里。

小猴子伤心极了，它情不自禁地说："真是斗转星移啊，我的家完全变样了。"

"斗转星移"是怎么一回事？

为了说明"斗转星移"的问题，让我先讲一件真实的事例：我经常将车停在室外一个固定的地方，因为这个地方位于附近一座高楼的阴凉处，不会被太阳曝晒。几个月过去后，我却发现这个地方不再阴凉了，而以前被太阳曝晒的地方却变成了阴凉处。这就让我不禁感慨：真是斗转星移啊！

我们生活在地球上，地球看似不动，但其实它却在不停地做着自转运动和公转运动。地球之外的其他星球，比如太阳、月亮、星星，也都在做着自己的运动，且它们的运动有着相对固定的轨迹。地球与任何星球间的相对位置每时每刻都在发生着改变。由于这种改变非常缓慢，所以我们通常不能很快察觉到。这就如同人的生命过程，虽然我们会经历从幼年、少年、青年，再到中年、老年的过程，但由于这种改变相对比较缓慢，所以我们感觉不到每天的变化。

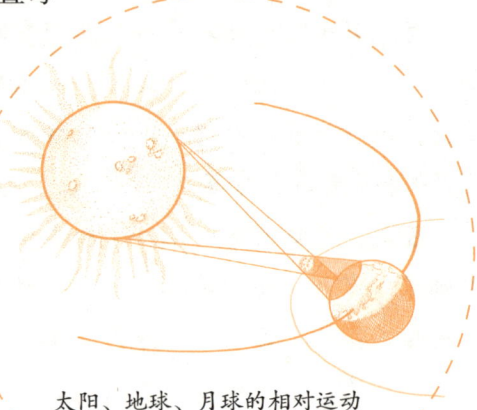

太阳、地球、月球的相对运动
（图中的位置刚好发生了日食）

经过日积月累，只要我们细心

026

观察，并且选好合适的参照物，我们就能够感受到地球与其他星球之间位置的相对改变。

出处：宋代王齐叟《失调名》词："帘风渐冷。先自虑、春宵不永。更那堪斗转星移，尚在有无之境。"

释义：斗：北斗星。北斗转换方向，星辰移动位置。表示时序变迁，岁月流逝。

小锦囊：人的生命是有限的，我们应该懂得在有限的生命里规划自己的人生，使自己的一生充实而快乐。

风驰电掣

|风和电的较量|

从前，风和闪电是一对死对头，它们总认为自己的速度是最快的，于是，经常跑出来对决。

风哗哗地跑出来，速度快得几乎能把大树、房屋吹倒一片。闪电当然不会服输，伴随着轰隆隆的雷声，闪电在天空划过，一眨眼的工夫就看不到它的踪影了。为了比出胜负，风常常对闪电说："我经过的地方，大树会疯狂地摇摆，人们吓得不敢出门，因为我的速度太快，会伤害到人类。"闪电也常常这样回答风："只要我一出现，就能把天空划成两半，人们也不敢出门，因为我的速度比你快，人们把窗都关得紧紧的。"

风和闪电对决了很长时间，人们的生活苦不堪言，大家只好天天跪在天台上祈求天神："天神啊，请让风和闪电都变得温柔一些吧！它们的对决让我们的生活都遭殃了啊。"天神被人们的祈求感动了，就命令风和闪电不能再任性了，否则世界会因为它们变得不美好。

从此以后，风和闪电就不再是死对头了，它们总是选在大家需要它们的时候才出场。

风驰电掣的速度有多快？

在我们看起来通常平和的世界里，实际上时时刻刻都有风起云涌的故事发生。因为我们头顶上的大气层从来都不是静止的，局部地区总是存在冷热不均的现象，也总是存在气压的差异，于是，空气总是马不停蹄地从热的地方移动到冷的地方，从气压高的地方移动到气压低的地方。温差和气压差的大小不同，决定了空气移动速度的快慢，

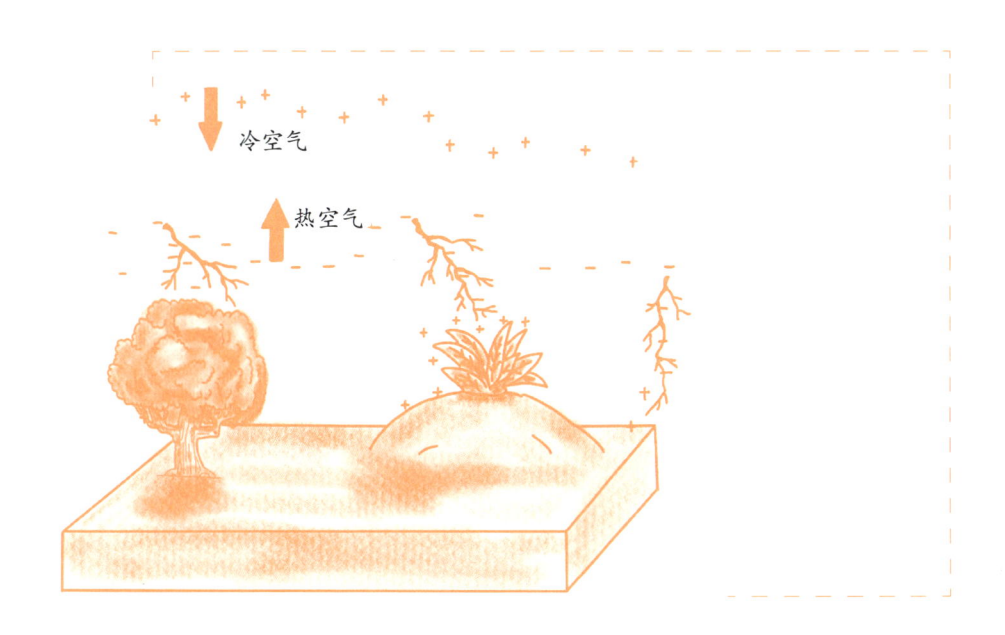

从而形成不同等级的风。

国际上把风分为18个等级，最低等级为0级，0级风速为每秒0.2米以下，最高等级为17级，17级风的速度为大于等于每秒61.3米，而一般人短跑时的速度只有每秒4米~5米，所以，大风的速度比人跑步的速度要快得多。

闪电的速度又比风速快很多。

闪电是云与云之间、云与地之间或者云体内各部位之间的强烈放电现象。发生闪电时，天空会出现一道非常明亮的闪光，这道闪光会以光速传播到我们的眼睛。光的速度是每秒30万千米，这是目前人类发现的最快速度。

出处：《六韬·王翼》："论兵革，风驰电掣，不知所由伏。"

释义：驰：奔跑。掣：闪过。形容非常迅速，像疾风或闪电一样，速度极快。

小锦囊：在学习中，要想快速地提高学习成绩，应先弄懂基础知识，找到适当的竞赛对象，逐渐改进学习方法，提升学习能力。切勿一下子把目标定得太高。

釜底抽薪

聪明的曹操

东汉末年，袁绍和曹操大战。

当时，袁绍兵力强盛，有十万大军，而曹操兵力弱小，仅有两万多人。袁绍因此不把曹操放在眼里，两军隔河对峙，袁绍仗着自己人多，就派兵攻打曹操的地盘白马。曹操灵机一动，派兵开向延津渡口。

从表面上看，曹操似乎在放弃白马这个地盘，而去进攻袁绍的后方。袁绍得知后，担心自己的后方受曹操的攻击，就迅速派兵西进，阻挡曹军渡河。这时，曹操就趁机潜派精兵回到白马，将袁军打得落花流水。

长时间作战，双方的粮食已用尽，袁绍调集了一大批粮食安放在乌巢。由于他过于轻视曹操的力量，没有派重兵严守粮库，曹操抓住这个薄弱环节，决定偷袭乌巢，断掉袁军的粮食。曹操亲自率五千精兵，打着袁绍的旗号，偷袭乌巢，还没等袁军弄清情况，只见一把大火点燃，顿时浓烟四起，袁军的那一大批粮食很快被烧成了灰烬。

袁军没有了粮食，都慌乱起来，袁绍也因此没了主意，最终大败于曹操。

为什么"釜底抽薪"可以灭火？

根据物理学原理，燃烧必须同时具备以下三个条件：一是要有可燃物；二是要有引火源；三是要有充足的氧气。如果将这三个条件中的任意一个条件破坏，燃烧就会中止。

在炉灶内生火做饭时，先用引火物将柴火点燃，然后不断拨动柴火，让充足的氧气进入炉灶内，或者用鼓风机向炉灶内鼓风。当炉灶内的柴火快烧完时要及时补充，这样才能让柴火的燃烧继续，做出一锅香喷喷的美味佳肴。

一旦把炉灶内的柴火全部拿出来，炉灶内没有了可燃物，燃烧就会迅速终止。

在炉灶内，完成燃烧任务的主角是作为燃烧物的柴火，引火源和氧气实际上只是帮助其燃烧的引子和环境，属于配角。故事中，袁军没有了粮食，

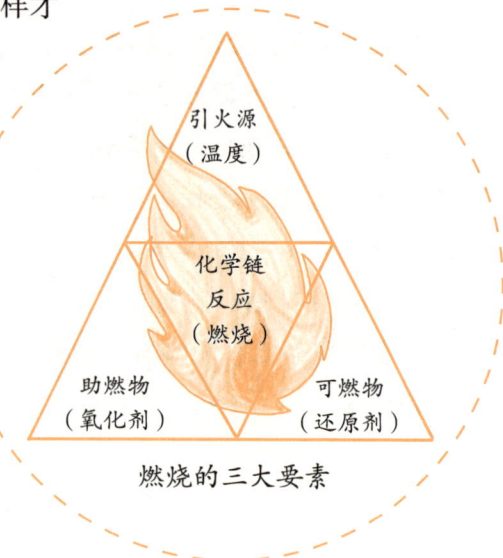

引火源（温度）

化学链反应（燃烧）

助燃物（氧化剂）　可燃物（还原剂）

燃烧的三大要素

生存失去了保障,犹如燃烧的柴火被别人从锅底拿走一般,当然没有了战斗力,所以很快就被曹操打败了。

出处:《吕氏春秋·尽数》:"夫以汤止沸,沸愈不止;去其火,则止矣。"清代吴敬梓《儒林外史》第五回:"如今有个道理,是釜底抽薪之法。"

释义:釜:古代的一种锅。薪:柴草。把柴火从锅底抽掉。比喻从根本上解决问题。

小锦囊:我们在解决问题时,需要权衡各个因素,找到最有效的方法,达到治根的目的。

赴汤蹈火

|忠臣韩嵩|

汉末有一个叫韩嵩的人,他从小就十分喜爱读书,后来成了一个品学兼优的人。他家里虽然十分贫困,但他仍然坚守不渝,保持着自己的操守。

那时,社会正处于混乱时期,韩嵩隐居在郦西山中。当黄巾起义时,韩嵩只好避难到了南方。这时,他遇到了正占据着荆州的刘表,刘表将他收为自己的手下担任中郎一职。

韩嵩根据自己的推断,认为当时的霸主曹操是个有能力的人,不宜与他对抗,便好言劝刘表,让他向曹操投降,但是刘表没有同意,反而命韩嵩到许昌探听曹操的虚实,以图有机可乘,打败曹操。明知这一去就有可能回不来,但作为刘表的忠臣,韩嵩表示,就是让自己跳进滚烫的水池里，走进那熊熊的烈火中，他也决不推辞！

为什么有的人可以吞火吐火？

虽然现实中一般情况下，沸腾的水没有人敢蹚，燃烧的烈火没有人敢踩，但我们在很多杂技表演场合却依然可以见到类似"赴汤蹈火"的表演，比如表演者将燃烧着的火球放进嘴里，再吐出烈火，他们怎么不怕被烧伤呢？

原来，吞火表演者经过长时间的训练，嘴里耐高温能力比一般人强得多，并且他们用的燃烧物并不是一般的汽油或煤油，而是航空航天用燃油，纯度很高，火很大但温度并不高，它在火球的表面燃烧，很容易灭。他们在接触火球前还会将手和嘴沾上水，水接触燃烧的火球时因受热而汽化，从而在手和嘴的皮肤表面形成一层很薄的蒸汽，对手和嘴起到保护作用。喷火表演则是表演者在嘴里含了酒或者其他助燃物，将其喷在火把上，火就顺着喷射方向燃烧了。

虽然这些表演运用了各种物理原理，降低了危险性，但表演的过程依然有危险，且需要反复训练来提高身体的适应能力和表演的敏捷度。鉴于此，一般人千万不要贸然模仿喔！

出处：《三国志·魏志·刘表传》南朝裴松之注引《傅子》："今策名委质，唯将军所命，虽赴汤蹈火，死无辞也。"

释义：赴：往，去。汤：沸腾的水。蹈：踩。跳进滚水，脚踏烈火。比喻不避艰险，奋不顾身。

小锦囊：我们知道，只有努力，才能使生活更美好，但有些事是不值得我们去赴汤蹈火的，要学会分辨，学会思考，机敏地行事，才能避免不必要的冒险，赢来美好的生活。

高山流水

伯牙与子期

伯牙和子期是春秋时期的人,他们从相遇到相知,经历了一段奇妙的过程。

伯牙是一位琴师,虽然他精通音律,琴艺高超,但他不满足于现状,总觉得自己弹奏的乐曲虽然动听,却无法出神入化地表达自己的感情。后来,他的老师就把他带到蓬莱岛上。伯牙放眼看去,只见浪花激溅、涛声如鼓、绿树葱郁、蓝天如洗,恍若仙境一般。伯牙顿时产生了一种奇妙的感觉,他拿出琴动情地弹奏起来,那一刻,他感受到了自己弹出的乐曲前所未有的美妙。

后来,伯牙就经常一个人出来弹琴。偶然间,有一次,一个樵夫听完了他的乐曲后,拍手叫好。伯牙寻声望去,才注意到樵夫就离他不远，于是，伯牙请他上船，继续为他演奏。伯牙弹到赞美高山的曲调时，樵夫就说："太好了！就像泰山高耸入云一般，雄伟而庄重啊！"弹到奔腾的浪花时，樵夫又拍手说道："啊，我看到了波涛汹涌的大海，辽阔浩瀚，太美了！"

伯牙很高兴，忙握住樵夫的手说："我终于找到知音了！"

这个樵夫就是子期，从此，伯牙和子期成了知心朋友。

为什么高山流水的声音很美？

高山上能出现流水，一是要具备充足的水量，二是流水形成的路径一定是从高到低，有一定落差的，这样才会产生源源不断的"高山流水"。

当流水出现很大的落差时，就会形成"瀑布"，它们是河流从高山上跌落下来形成的自然景观。当水从高处往低处流动时，就是流水的势能转换为动能的过程，瀑布的落差越大，势能越大，所以，落差大的瀑布会产生巨大的能量转换，在下游形成汹涌澎湃的激流，发出巨大的声响，产生让人惊心动魄的气势。

而当流水流经落差很小的地段时，下游的流水速度会减缓，流水的声音就会变得舒缓、轻柔。

除了落差大小的变化外，还有水面宽窄的变化。

水面越窄，流水越急，声音越高昂；水面越宽，流水越

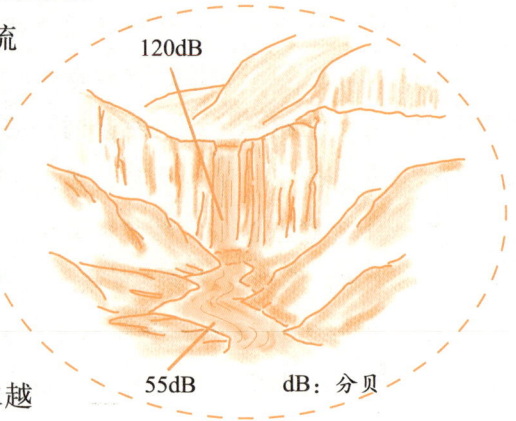

120dB

55dB　　dB：分贝

慢，声音越轻柔。

同时，高山上茂盛的森林也容易让流水的声音在山谷里产生多重反射，形成回旋、环绕的效果。高山的静谧也让这种声音更清澈。

以上种种因素，就让高山流水奏出一曲曲美妙的音乐，不仅有起伏、快慢的旋律，还有舞台般环绕的音响效果。因此，高山流水的声音就如天籁之音般美妙动听。

出处：《列子·汤问》："伯牙鼓琴，志在高山。钟子期曰：'善哉！峨峨兮若泰山。'志在流水。钟子期曰：'善哉！洋洋兮若江河。'伯牙所念，钟子期必得之。"

释义：比喻知己或知音。也比喻乐曲高妙。

小锦囊：在生活中遇到困难时，不要为了寻找解决的方法而困于一种状态中，要学会释放压力，走到户外，去听听高山流水的声音，看看大自然的景色，这样或许能得到一定的启发。

隔墙有耳

爱偷听的张三

张三有一个嗜好，就是喜欢探听小道消息，然后再把这些消息传播出去。这样，他觉得人们就会非常关注他。

有一次，他看到邻居背了一个大包回家，包里似乎有东西在动，他的好奇心又起来了，急忙把耳朵贴到墙壁上去听。不一会儿，就听到"咚咚……啪啪……"的响声，张三就想：邻居正在放下那个包呢。接着，又听到"咕噜咕噜……"的声音，张三又想，邻居正在喝水呢。过了好一会儿，邻居说话的声音响起来了，只听见邻居说："阿飞，有小偷，赶紧去把他抓过来。"张三愣了一下，又想：邻居一个人住，他和谁说话呢？难道那个大包里藏着人？

正想着，突然听到门外有敲门声，张三走过去开门，只见邻居带着一条狗，狗正虎视眈眈地看着他。邻居说："阿飞，这人就是小偷，他天天偷听我们的声音！"说完，那条叫阿飞的狗就扑向张三，吓得张三拔腿就跑，幸亏邻居用绳子拉住了狗。

原来，张三没事干时，就喜欢贴着墙壁去偷听邻居家的声音，然后又把这些声音添油加醋地传出去，对邻居造成了很大的影响，邻居才想了这么一招来对付他。

为什么隔着墙也能听见声音？

也许我们在电影、电视中曾经看到过这样的细节：铁路巡道工为了辨别远方是否有火车开来，会将耳朵贴近铁轨，根据铁轨传来的声音判断是否有火车，以及火车距离这里的远近。

为什么站在铁轨边听不见火车声音，而将耳朵贴近铁轨却能听见呢？

原来，声音在不同的介质中，传播速度和传播距离是不一样的。介质的密度越大，声音在其中的传播速度越快，传播时衰减越小，传播距离越远。如果一个人在真空中说话，尽管距离另一个人很近，但另一个人却很难听见。反之，让说话者和听话者位于铁板的两头，尽管两者之间的距离很远，但却能很快听到对方的讲话，而且声音很清楚。

当我们在房间里说话时，声音传播到周围的空气后，继续沿墙壁传

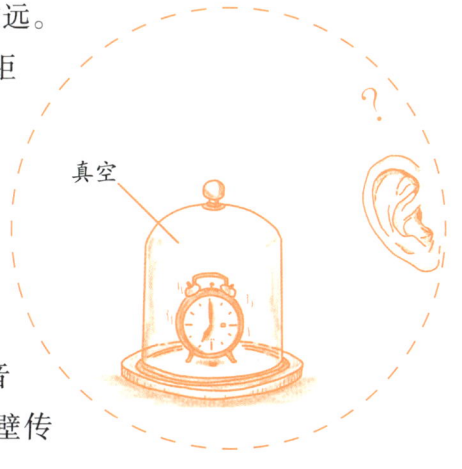

真空

播，如果墙外的人将耳朵贴着墙壁，则能听到房间里的声音，这就是隔墙有耳相关的物理原理。

为了防止"隔墙有耳"的情况发生，我们可以通过粉刷墙面的方法降低传到隔壁的声音强度。同时，房间里各种家具、装饰品也可起到反射声波并让声波衰减的效果。为了使房间具有更好的隔音效果，还可用松软的材料包装墙面，比如KTV的装修就是采用了这种方法。

出处：管仲《管子·君臣下》："墙有耳，伏寇在侧。墙有耳者，微谋外泄之谓也。"

释义：隔着一道墙，也可能有人在外偷听。比喻即使秘密商量，别人也可能知道。也用于劝人说话小心，免得泄露。

小锦囊：当别人把心中的秘密告诉你时，说明他信任你，要学会为他人保守秘密，做一个守信的人。

管中窥豹

清高的王献之

王羲之是东晋著名的书法家,他有一个儿子,名叫王献之。

王献之很聪明,从小就受到父亲的影响,也写得一手好字,与父亲并称为"二王"。王献之生性清高,不屑与凡夫俗子交往,所以对民间的一些游戏并不精通。有一次,他看到有几个人正在玩樗(chū)蒲(pú)(古代的一种游戏),一时好奇,也凑上去看。刚看了一会儿,王献之就开始评价起来,他指着其中一个人说:"你赶紧进攻呀,你就要输了。"

那个人一听,瞪了王献之一眼,骂道:"你真是一个只会看局部问题的人,就像从管子里看豹一样,只能看到豹身上的一块花斑,你是没有办法看到豹的全身的,赶紧回家去吧!"

王献之被这样一说，当然不高兴，清高的性子立刻显露出来，只见他一甩袖子，气愤地扬长而去。事实上，王献之看到的是全局，其判断是有道理的，所以又有窥一斑而知全豹的说法。

为什么透过小孔能够看到大世界？

成语"管中窥豹"告诉我们一个现象，就是"透过小孔能够看到大世界"。为什么呢？

原来，人类的眼睛相当于一个凸透镜，当我们站在小孔的背后看前面的大世界时，前面物体的反射光线通过小孔被我们的眼睛捕捉到，再聚集到眼睛的视网膜上，于是就可以看到前面的大世界了。

透镜是生活中常用的光学用品，根据形状和作用的不同，透镜可分为凸透镜和凹透镜两种。凸透镜中间厚周边薄，状如球面，可以两面都是球面，也可以一面是球面，一面是平面。当一束平行光射进凸透镜的一面时，会在另一面汇聚成一个点，这个点叫作焦点。人的眼睛里有一个晶状体，相当于一个凸透镜，视网膜上的某一个点相当于

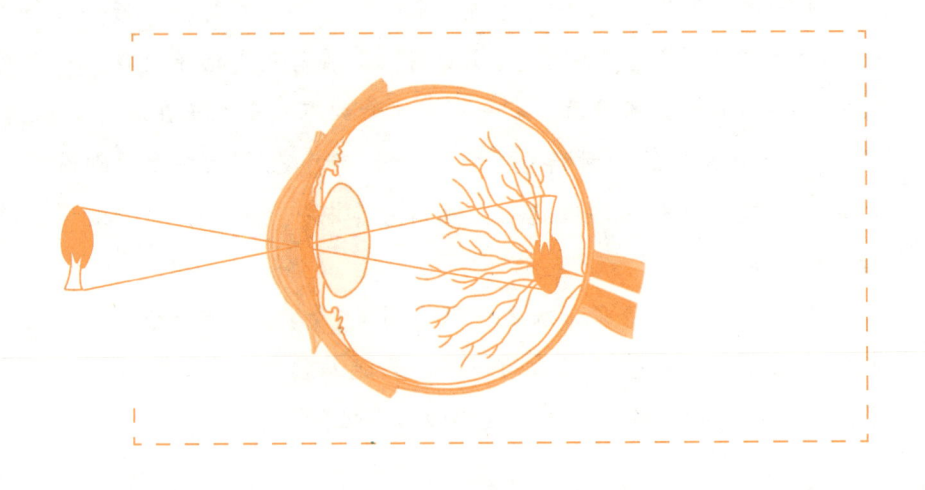

这个凸透镜的焦点，视网膜上许许多多的焦点，就能让眼睛看清外面的大世界。

即使是很小的孔，都能让眼睛看见沿眼睛到小孔所构成的圆锥形范围内的景象。景象离小孔的距离越远，能看到的范围越大。

出处：南朝宋刘义庆《世说新语·方正》："此郎亦管中窥豹，时见一斑。"

释义：管：竹管。窥：从小孔或缝隙中看。从竹管中看豹。比喻见识狭小，看不到全貌；跟"可见一斑"连用时，也比喻可以从观察到的部分推测全貌。

小锦囊：任何事物所呈现的局部都只是它的冰山一角，所以在观察事物的时候，我们要放下先入为主的观念，去发现更为全面的真相。

归心似箭

念家的小白兔

小白兔看着妈妈每天去找食物非常辛苦，心里就想：趁妈妈不在家的时候，自己也出去帮妈妈找食物，给妈妈一个惊喜。

这天，妈妈出门后，小白兔紧跟着也出门了。它看妈妈往左走，它就往右走，不一会儿，来到了一片茂密的树林里。它找到了许多食物，准备给妈妈带回去。可是，它走了好远，都没找到自己的家。这时候，它不小心踩进了猎人放的捕兽网里，被猎人带回了家。

猎人准备用小白兔做一顿美味的晚餐，这时，猎人的小儿子看到了，说："爸爸，这只小白兔真可爱，留下来给我养吧。"猎人同意了。于是，小白兔就被关在了笼子里，一天又一天，它渐渐地长大了，它越来越想念自己的家，想念自己的妈妈。

猎人的小儿子看到小白兔每天都不高兴的样子，就把它放回了森林里。小白兔归心似箭，很快跑远了，它终于找到了自己的家。

> 为什么要用"归心似箭"来形容回家心切呢？

原来，在中国古代没有发明火炮、枪械之前，发生战争时用的远攻武器只有弓箭。从物理学的原理看，弓箭具有以下特点：

一是弓箭的运动速度较快。人通过手拉动弓，让弓储存很大的弹性势能。将弓释放后，弓的弹性势能转化为箭的动能，使箭能达到很快的运动速度。在当时的条件下，箭飞出去的速度已经算是非常快的了。

二是弓箭运动的线路可以近似地看成一条线段，且这条线段从弓弦处出发，没有任何偏差地向目标奔去。

当人们想回家的心特别迫切时，当然希望自己也能像弓箭一样既快且准地回到自己家中。

出处：明代兰陵笑笑生《金瓶梅词话》第五十五回："留连了八九日，西门庆归心如箭，便叫玳安收拾行李。"

释义：归心：回家的念头。想回家的心情十分急切，恨不能像射出的箭一样快。

小锦囊：家是世界上最温暖的港湾，在外学习、工作的人，一到节假日都归心似箭，心情急切，路途中一定要注意安全，避免忙中出乱。

海市蜃楼

奇妙的街市

古时候,有几个人在沙漠里迷路了,他们行走了很久,仍然找不到出路。正当心灰意冷之时,眼前忽然出现了一幕奇妙的影像,只见天地间呈现出一座美丽的街市,房屋错落有致地直入云霄,缥缈的雾围绕其中,好像仙境一般。

几个人顿时来了精神,纷纷站起来,有人惊叹道:"看,仙境就在我们前面了!"也有人喜极而泣:"我还以为会饿死在这片沙漠里呢!看来有希望了。"还有人奔跑起来,欢呼着:"走吧,我们有救了!"于是,几个人都向着街市奔跑过去。

可是,当他们跑到前面时,那一座美丽的街市又远离他们,他们只好继续跑,不断地追随那座奇妙的街市,直到他们累得筋疲力尽时，仍然没有到达那街市。有个人忍不住说："我们已经升入天堂了吧？"大伙一听，都面面相觑，不知如何是好。

这时候，从远处走来一位牵着骆驼的人，这几个人看到了，已经没有任何惊喜，他们想：眼前的这个人应该也是追不到的。于是，就安静地坐在原地。直到牵骆驼的人走到他们跟前，告诉他们海市蜃楼的真相。后来，牵骆驼的人把他们带出了沙漠。

这几个人最后才明白，那奇妙的街市并不是天堂，而只是一种自然现象。

海市蜃楼是怎样形成的？

海市蜃楼是阳光在大气中产生折射而出现的一种光学现象。我们已经知道，光是沿直线传播的，但严格地说，光只有在均匀介质中才沿直线传播，如果介质疏密不均，光线就不会沿直线传播，而会发生折射。

比如一根筷子，在空气中我们看到它是直的，如果将筷子全部放入水中，我们看到它也是直的，但如果将筷子的一半放入水中，我们就会看到筷子在水面处像是折断了一样，弯曲成折线了。这就是光线在两种不同的介质中发生的折射现象。

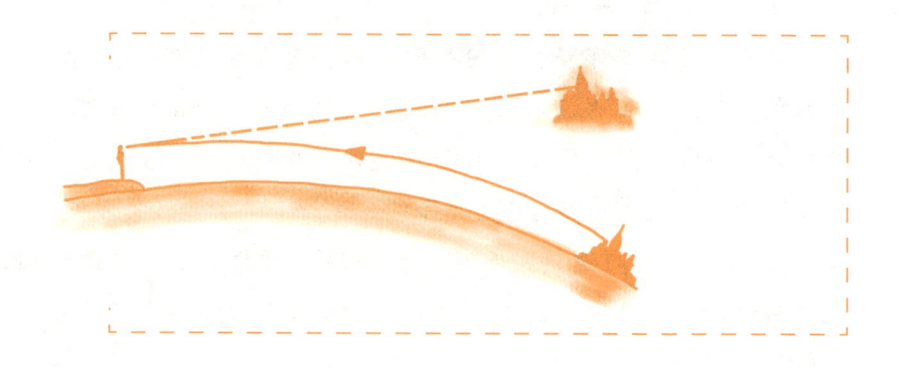

海市蜃楼是一种由光的折射产生的现象，多发生在夏天的海面上或沙漠里。在夏天，较热的空气笼罩海面，而海水比较凉，海面附近的空气温度比空中的低，空气热胀冷缩，上层的空气比下层的空气稀疏，来自地平线以外远处物体反射的光线本来是不能到达我们眼中的，但有一些射向空中的光线，由于不同高度的空气疏密不同而发生弯曲，逐渐弯向地面，进入我们的眼睛，逆着光线望去，就仿佛看见了远处的物体，朦胧而又与实际景象有所差别。

出处：《史记·天官书》："海旁蜄（蜃）气象楼台，广野气成宫阙然。"

释义：蜃：大蛤蜊，海里的一种贝类动物。本为光线通过不同密度的空气层发生折射或反射时，把远处景物显示在空中或地面的奇异幻境。比喻虚幻的事物。

小锦囊：海市蜃楼就像是空中楼阁，虽然看起来很美，但却是没有根基的，也是不真实的。幻觉再怎么美丽也还是幻觉，我们在学习生活中，只有一步一个脚印，把基础打扎实，才能取得真正的成功，才有机会把幻想变为现实。

疾言厉色

不会疾言厉色的刘宽

东汉时期，有一位官员叫刘宽，他长得慈眉善目，说话温文尔雅，看上去是一个不会生气的人。

以前，刘宽还没当官时，骑着一头牛走在回家的路上，走到半路时，突然跑出来一个人，气势汹汹地说："刘宽，你居然偷我家的牛，马上还给我。"刘宽一听，二话不说，就把牛牵给了那个人，自己则走路回家。过了几天后，那个人在田野里看到了另一头牛，他觉得非常眼熟，就把这头牛拉回家与家里的这头牛对比，这一对比后，才发现田野里的这头牛才是他丢失的牛。他知道错怪了刘宽，急忙拉着牛去归还，并向刘宽叩头谢罪。

刘宽笑了笑，说："长得像的东西，我们难免会认错，更何况你现在亲自牵过来还给我了，有什么理由谢罪呢？"周围的百姓知道了这件事，都对刘宽称赞不已。

后来，刘宽当上了官，对下属也非常仁厚，有好的业绩都归功于下属。有犯错的人，他决不会动用酷刑，只是用草鞭打，目的在于处罚，而不伤到人，并训勉少年做人处世的道理，使地方百姓、官员都受到他的影响而被感化。

后来，人们都说刘宽是一个从容淡定的人，即使遇到急迫的事情也不会疾言厉色。

为什么大家都不喜欢听疾言厉色的人说的话？

衡量一个人说话是否优美、悦耳的标准，除了说话本身的内容之外，还有音色、声音高低、快慢等。用物理学的概念来解释，声音的频率和振幅是衡量一个人说话是否优美、悦耳的最重要的标准。

当一个人心平气和地说话时，发出声音的振幅刚好能让我们清楚地听到，又会让人听起来比较舒服，发出声音的频率也会比较柔和，不会对我们的耳膜产生不好的刺激。如果一个人生气了，除了说出的话的内容让人听起来很不舒服以外，他的声音的振幅也会增大，声音的频率也会提高。这种声音让人听起来除了感觉到刺耳、难以接受之外，还会在心理上条件反射地产生抵触情绪，所以大家都不喜欢听疾言厉色的人说的话。

耳朵鼓膜

出处：明代沈鲸《双珠记》："我那时疾言厉色，虽辱骂了他一场，恨藏奸卖俏，真个是人中兽。"

释义：疾：急速。说话急躁，脸色严厉。形容对人发怒说话时的神情。

小锦囊：一个人的面部表情和说话疾缓能够影响到其他人的心情，学会保持微笑并平和地说话能缓解冲突，避免不愉快的事情发生。

交头接耳

小明很委屈

开学了,小明作为一年级的同学,高高兴兴地踏入了梦想中的学校。

小明的班主任叫卢老师,卢老师用一节课向大家说明了学校的许多规定。其中有一条是上课时要尽量保持安静。如果不是重要的事情,不能在课堂上讲;如果是很重要的事情,只能悄悄地说,不能影响其他同学学习。

小明记住了卢老师的话,每次讲话都会把嘴巴贴到另一个同学的耳朵旁悄悄地说。有一次,数学老师让学生们进行单元测试,小明的铅笔断了,他只好把嘴巴凑到同桌的耳朵上说:"能借我一支笔吗?"没想到,这个举动被数学老师看到了,她立即批评了小明。

数学老师说:"小明,你为什么要交头接耳?你这样是属于作弊行为。"说完,就把小明的试卷收了。小明当时委屈得直冒眼泪,他解释说:"我没有作弊,我只是想借一支铅笔,而且我讲的是悄悄话,也没有影响到其他同学。"

数学老师平和地说:"考试规定是不能交头接耳的,要事先准备好学习用品。有需要帮助的时候,可以举手问老师。这次原谅你,下次不能再犯了。"小明连忙点点头,表示知道了。

为什么小声说话他能听见我却听不见?

我们在教室里,发现离自己较远的地方有两个同学在小声说话,他们在不停地交谈,可自己却无法听见他们在说什么。为什么他们互相能听见,但我们却听不见呢?

原来,人在说话的时候,声源是通过喉咙里的声带振动而发出声音的,声音发出后,以正弦波的形式通过空气向外传播。声波进入人的耳朵后,引起耳膜的振动,然后

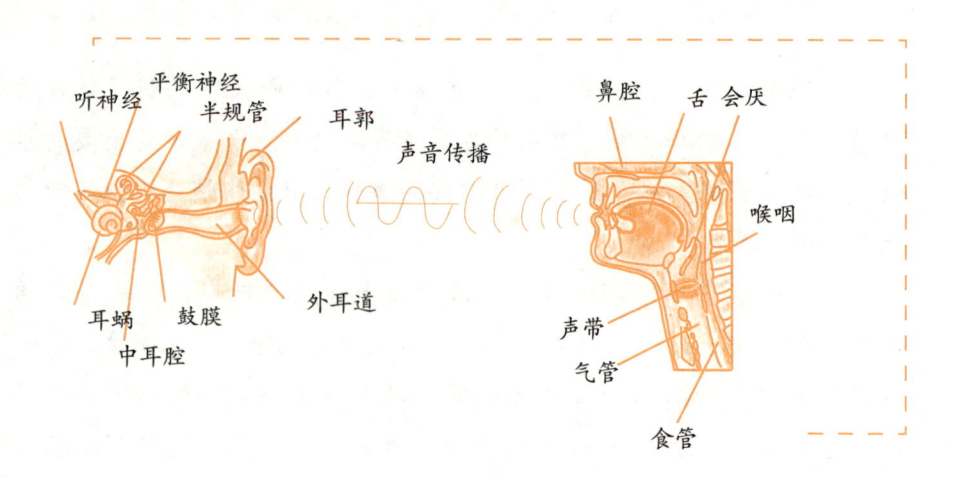

通过三块听小骨传到内耳，刺激耳蜗内对声码波敏感的感觉细胞，这些细胞将声音信息通过听觉神经传给大脑，于是我们便产生了听觉。

声音在传播过程中是会衰减的，衰减的主要物理特征就是正弦波的振幅越来越小。当振幅小到不足以带动耳膜的振动时，我们就听不到声音了，由于交头接耳时说话的声音很轻，声音的振幅本身就很小，所以经过一定距离的传播之后，距离稍远的人就无法听清楚声音了，但距离很近的人，依然能够听清楚说话的内容。

出处：元代关汉卿《单刀会》第三折："不许交头接耳，不许语笑喧哗。"

释义：交头：头靠着头。接耳：嘴凑近耳朵。形容彼此凑近低声交谈。

小锦囊：谈话的形式有很多，通过观察人与人之间的谈话形式，可以初步断定他们的亲密程度。注意在不同的场合，要采用恰当的说话方式。

近朱者赤，近墨者黑

| 孟母三迁 |

孟子是战国中期邹国人，是著名的思想家、政治家、教育家。孟子的成就和母亲的用心培养是分不开的。

孟子小时候很调皮，最初，他和母亲居住的地方离墓地很近，孟子就去学了一些祭拜之类的事情，玩起了办理丧事的游戏。他的母亲看到了，摇头说："这个地方不适合孩子居住啊。"于是，孟子的母亲就将家搬到了集市旁。可是，搬家后，孟子仍然不安分，学着周围的人做起了买卖。他的母亲又想："这个地方的人们都不喜欢读书，成天都在做买卖，还是不适合孩子居住啊。"她因此不得不再次搬家。这次，她将家搬到了学宫旁边。孟子看到周围的人都在学习，渐渐地受到了影响，学会了在朝廷上鞠躬行礼及进退的礼节等。孟子的母亲看到了，欣喜地说："这才是孩子应该居住的地方。"于是，就在这里定居了下来。

孟子长大学成以后，以"士"的身份游说诸侯，推行自己的政治主张。他继承了孔子"仁"的思想，并将其发展成为仁政学说，被称为"亚圣"。

真的可以"近朱者赤，近墨者黑"吗？

成语"近朱者赤，近墨者黑"指靠着朱砂的物体容易变红，靠着墨的物体容易变黑。

真的可以出现"近朱者赤，近墨者黑"吗？

也许我们有这样的生活经验：把一堆煤堆放在洁白的地板上，如果只放一天，然后搬走，用水冲洗地板，很容易就能将地板洗干净。如果将这堆煤在地板上放一年，然后才搬走，这时用水洗地板，却发现怎样努力也已经无法将地板洗干净了。

用物理学的知识来解释，物质都是由分子组成的，分子总是在做无规则的运动，这样就会造成分子的扩散，把两种具有不同分子的物

两种分子结构的相互渗透

质长久地放在一起，两者就会互相渗透，因而出现"近朱者赤，近墨者黑"的现象。只是，气体之间互相渗透的速度很快，而固体之间互相渗透的速度很慢，需要足够长的时间才能看到。

出处：晋代傅玄《太子少傅箴》："夫金木无常，方圆应形，亦有隐括，习以性成，故近朱者赤，近墨者黑。"

释义：朱：朱砂，可用作红色颜料。靠近朱砂会染上红色，靠近墨会染上黑色而变黑。比喻接近好人使人变好，接近坏人使人变坏。

小锦囊：每个人都应该有一份坚定的信念，当身处不良的环境时，要学会通过自己的信念去要求自己，争取做一个"出淤泥而不染"的人。

镜花水月

伤心的小白兔

小白兔长着一身洁白的绒毛,一双明亮的红眼睛像两颗红宝石一般,大家都说它是动物界里的小公主。小白兔很高兴,为了不辜负"小公主"的称号,它天天在自己的头上插一朵花。

这天晚上,月亮特别圆特别亮,小白兔端来一盆水,准备认认真真地洗一洗脸。这时,它突然看到天上的月亮倒映在盆中的水里,就像盆里藏着一颗大宝石,小白兔非常惊喜,它自言自语地说:"月亮来到我家里了。"接着,它又拿来镜子,对着镜子插起花来,看着镜中的花儿如此娇艳,小白兔更高兴了,它想:只要家里有水和镜子,那么月亮和花儿就都不会消失了。

第二天,小白兔急急忙忙跑出去玩,它忘记在头上插花了。它看到其他动物就对它们说："我家的水盆和镜子里藏着不会消失的月亮和花儿，我带你们去看看吧。"小动物们一听，觉得小白兔在说谎，但又不想当面揭穿它，只好跟着它去了。结果来到小白兔家中一看，盆里没有月亮，镜中也没有花儿。

从此，大家都觉得小白兔是一只说谎的小兔子，也没有人再叫它"小公主"了。小白兔很伤心，一到晚上，总是忍不住对着月亮流泪。

实像和虚像

在大自然中，光真的是一种很神奇的东西，它不仅让我们看见一个五彩缤纷的世界，还给我们很多梦幻般的感觉，比如镜花水月。

镜子中当然没有开出一朵真实的花，水中也不会存在一弯真实的月亮，小白兔所看到的，当然是不存在的"虚幻之像"。那么，这种"虚幻之像"是怎么回事呢？为什么会出现呢？

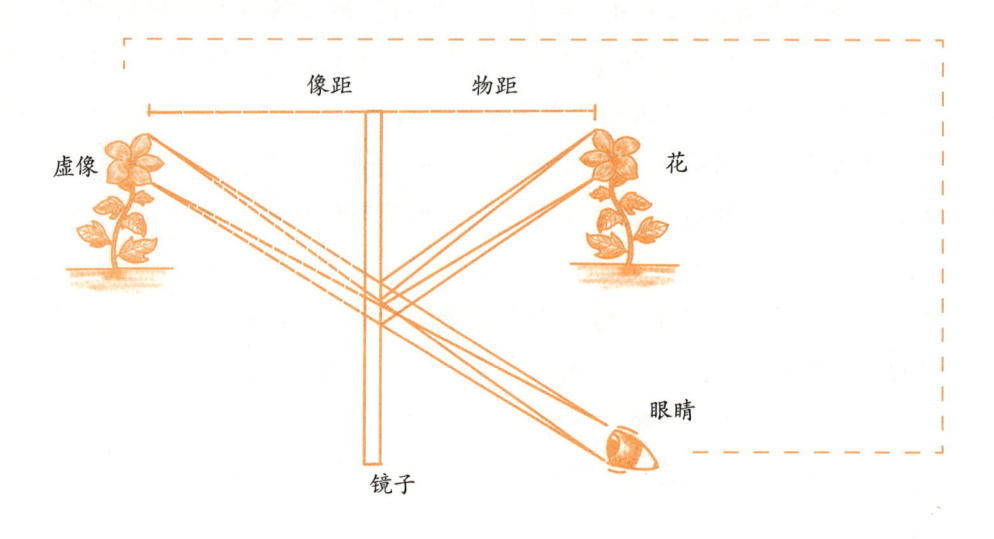

镜花水月

原来，当小白兔对着镜子插花时，花儿反射出去的光线传播到镜面后，再由镜面反射回它的眼睛，根据光是沿直线传播的原理，我们会误以为花儿是与镜子、眼睛成一条直线的，而且又是在镜子的后面的。同样的道理，水中之月是水面将月亮的影像反射到我们眼中的结果。物理学中把这种并不存在的像叫"虚像"。

当我们站在一面镜子前面，镜子后面就会出现一个和自己一样的影像，镜子后面的自己，便是虚像。

出处：晋代慧远《鸠摩罗什法师大乘大义》："如镜中像、水中月，见如有色，而无触等，则非色也。"

释义：镜中的花，水里的月。比喻虚幻的景象。

小锦囊：镜中花、水中月，虽然都是非常美好的事物，但毕竟不是真实的美丽，只是一种虚幻罢了，与其欣赏这种虚幻，还不如实实在在地养一盆花、种一棵树。脚踏实地是实现美好梦想的重要条件。

刻舟求剑

|剑落入水中之后|

古时候，有一个人乘船出游，当船经过河中央时，他把身子探出船外看了看，只听扑通一声，他身上的一把剑落进了河里，他赶紧从包里拿出一把小刀，在船上刻了一个记号。同船的游人看到了，问道："你这是干什么呢？"

这个人说："我的剑是在这里滑落下去的，我刻下记号，到时就能找到了。"

同船的人听了，纷纷笑他，说："船一开走，位置就变了，你怎么能找到剑呢？"

那个人不信，说："你们等着吧，到时我就找给你们看。"

于是，当船准备靠岸时，那个人就从船上的记号那个位置跳下水，找剑去了。

船上的人坐在船头看热闹，等了好久，那个人终于从水里爬上来，一脸沮丧地说："那把剑被别人偷走了。"

船上的人听了都哈哈大笑起来。

为什么刻舟后求不到剑？

从物理学的角度看：除了物体内部的分子运动以外，物体的其他运动都是相对的，是相对某一个参照物而确定的。

比如我们去跑步、骑自行车，它们相对于地球这一参照物来说都是在运动，但相对于鞋子、相对于自行车来说却没有运动，因为鞋子离我们的距离、自行车离我们的距离在跑步和骑车的过程中并没有发生改变。

和同学一起并排骑着自行车，互相保持相同的速度，尽管骑了很远，但仍然可以一面骑车一面和同学聊天，因为我们的骑车运动相对于地球是移动的，但相对于同学却是静止的。坐在飞机上，看着机舱内熟悉的景象，几个小时内都没有任何变化，几乎没有运动，但我们却可能早已远渡重洋，到达了另一个国家。

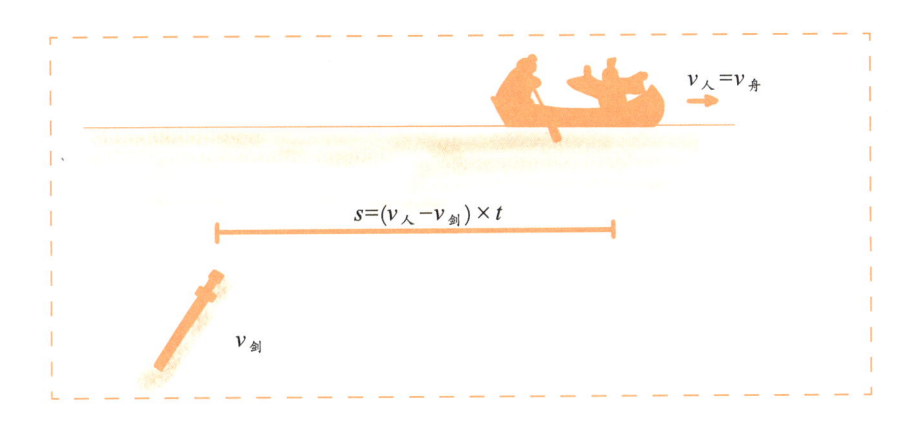

$v_人 = v_舟$

$s = (v_人 - v_剑) \times t$

$v_剑$

当我们坐在奔驰的列车上或者航行的轮船上时，我们相对于列车和轮船并没有做任何运动，但我们相对于地球来说却在运动。于是，我们坐在列车上不动，也能从北京到达广州；坐在轮船上不动，也能从上海到达武汉。

求剑的古人坐在船上，虽然相对于船没做任何运动，但船却带着古人相对地球、相对河流来说做了运动，有运动就会有位移。所以，虽然古人在船边做了记号，停船时距离落入水中的剑却不知道已有多远了，当然是无法找到了。

出处：宋代陆游《谢梁右相启》："刻舟求剑，固匪通材。"

释义：刻：雕刻，刻字。比喻办事刻板，不知变通。

小锦囊：解决一个问题可能有许多方法，但是，我们应当在依据事实的基础上懂得灵活变通，寻找最有效的方法去解决。

空穴来风

宋玉讽顷襄王

楚国人宋玉是屈原的学生,他是当时著名的文学家。

有一次,他陪着楚国顷襄王到兰台去游玩。到了台上,正好有一阵风徐徐地吹来,顷襄王披着衣襟,迎着凉风觉得很舒服,口里说道:"这阵风真凉快!这是我和老百姓共有的啊!"

因为顷襄王淫乐无道,又听信了他弟弟和上官大夫的话,把宋玉的老师屈原放逐到汉北去,宋玉因此有意乘机加以讽刺,说道:"这风是你大王独有的,老百姓哪能和你共有呢?"

顷襄王觉得风的吹拂是不分贵贱贫富的,现在听宋玉说是他独有的,觉得很纳闷,就叫宋玉把道理说清楚。

宋玉说:"屈原曾说过,枳树弯曲了,就有鸟在上面做巢,空的洞穴中会生出风来。"宋玉用讥讽的口吻把风分开来,他说:"在高台上、皇宫里那些清静的地方,风当然是清凉的,所以是属于贵族的;老百姓所居住的是低洼的陋巷,即使有风吹来,都是夹杂着许多泥沙和秽臭,所以是属于老百姓的……"

空穴里可不可以来风?

风是地球上的一种自然现象,当地球上相距不远的两地出现气压差的时候,空气就会从高气压区流向低气压区,于是就形成了风。气压差越大,风速就越大。冬季,北方近地层空气冷、密度大、气压高,故冬季多吹偏北风。夏季相反,西太平洋和南海的气压是副热带高气压,北方气压较低,故夏季多吹偏南风。

风的特性可用风向和风速表示。风向指风的来向,通常分成八个方位。风速指单位时间内空气在水平方向上移动的距离,单位是:米/秒或千米/时,通常用风力等级表示。如微风的风速为3.4米/秒~5.4米/秒,清风的风速为8.0米/秒~10.7米/秒,狂风的风速为24.5米/秒~28.4米/秒。

在太阳照射下,洞穴内外温度不同,存在气压差,进而使空气流动产生风,形成"空穴来风"。由此可见,空穴来风并不是无中生有的,而是有一定的科学依据的。

成语"空穴来风"的原意为"消息和传说不是完全没有原因

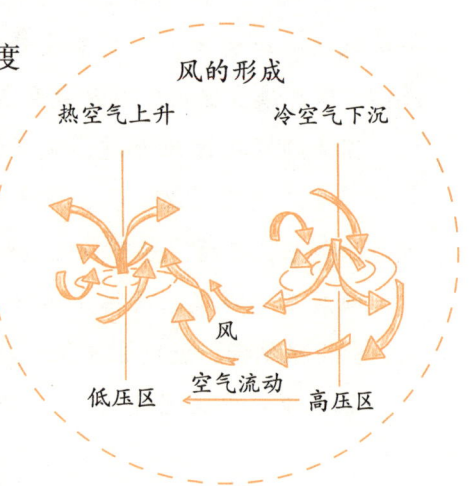

的"，但后人在运用的过程中却逐渐改变了原意，变成了"无中生有"的同义词。

出处：战国楚宋玉《风赋》："臣闻于师，枳句来巢，空穴来风。"

释义：穴：孔、洞。来：招致。有了洞穴才有风进来。比喻消息和传说的传播不是完全没有原因的。也比喻流言乘机会传开。

小锦囊：在学习生活中，我们要学会寻找事物的根源，并以此解决实际问题。不能凭空捏造，把没有根据的事情传播出去，产生不良的影响。

劳而无功

白忙活的猴子

森林里的一只小猴子很爱贪小便宜，看到别人有什么好吃的，它都会凑上去要一点。

这一天，小猴子又出来闲逛，逛着逛着，它来到了一片玉米地里，看到一个个大玉米时，小猴子的贪念又产生了。它想：趁现在没有人看到，赶紧掰点玉米回去。这样想着，它就动起手来。它掰了一个夹进胳肢窝里，又掰一个，继续塞进胳肢窝里，一路掰过来，它几乎把整片玉米地的玉米都掰完了。这下乐坏了小猴子，它心想：今天收获那么大，掰了那么多玉米，这阵子不愁没吃的了。

可是，当小猴子回到家一看，奇怪了，掰了那么多玉米，怎么胳肢窝里只有一个呀？原来，当小猴子把下一个玉米塞进胳肢窝里时

劳而无功

就要抬起手臂来，它这一抬手，原来夹在胳肢窝里的玉米就会掉到地上，这样，小猴子永远只夹得住后面放进去的一个玉米。

小猴子真是白忙活了一场！

怎样知道是否"劳而无功"？

成语"劳而无功"的意思是：花了力气却没有收到成效。劳而无功的现象在物理学中也经常出现，而且很容易解释。

比如，我们迎风推一辆小车，将小车从一个地方推到另一个地方是用了功的，但在这个过程中却要克服风的阻力，需要消耗掉我们很多力气，这部分能量消耗可视为"无用功"，且风力越大，风阻越大，消耗的"无用功"便越大。如果风力大到我们用很大的力气才能站稳，那么我们就不可能再有力气推动一辆车，那么就变成"劳而无功"了。

如果我们知道了风速以及人与风接触部分的面积，根据物理学知识，就能计算出在迎风推小车时需要做多少"无用功"，再根据自

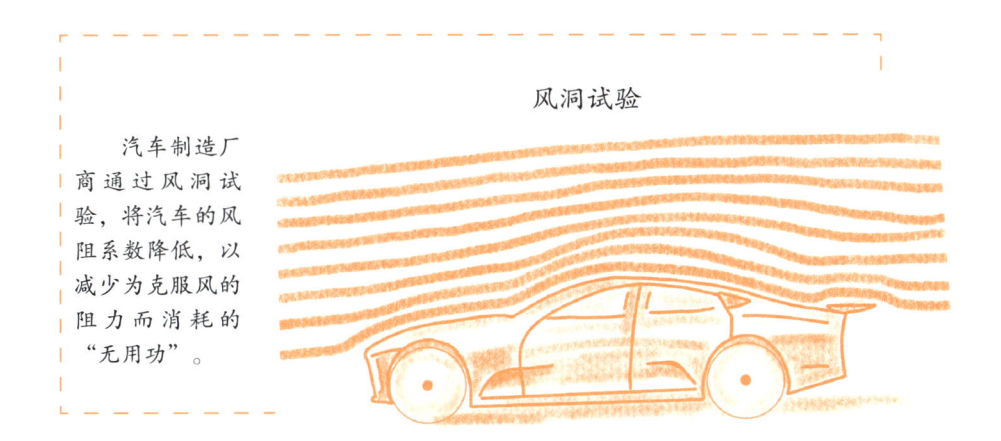

风洞试验

汽车制造厂商通过风洞试验，将汽车的风阻系数降低，以减少为克服风的阻力而消耗的"无用功"。

己力气的大小，测定出自己的"能量"，从而计算出"有用功"的大小，避免"劳而无功"的情况出现。

当然，如果是在无风的天气推小车，就可以最大化地减少"无用功"；如果顺风推车，或者往下坡方向推车，还可以省不少力气，达到"事半功倍"的效果。

出处：《管子·形势》："与不可，强不能，告不知，谓之劳而无功。"

释义：劳：劳累；花费力气。功：成效。花费了力气，却没有什么成效或好处。

小锦囊：要想劳动得到收获，就要学会使用有效的方法，而不是盲目地去做，要善于开动脑筋，根据事物的规律和要求去寻找窍门，才能让收获最大化。

立竿见影

胖女士变苗条

有个胖女士一直想减肥,可是她的意志力非常薄弱,常常抵抗不住美食的诱惑,因此,她的减肥计划似乎永远实施不起来。

某日,一个朋友和她开玩笑说:"如果你能把臃肿的身材立刻变苗条,那么我就会请你吃一顿美食。"胖女士一听,又馋起来了,但让自己立刻变苗条实在太难了,可她又不愿错过一顿美食。正苦恼时,她看到窗外的一柱水泥墩的影子,在阳光的照射下变得细长细长的,她灵机一动,就对朋友说:"你说话可得算话呀!"

朋友哈哈大笑道:"一言为定!"

于是,胖女士就跑到房子外面,往太阳下一站,胖女士的影子立刻被拉得细长细长的,就像一个苗条的女士。

朋友这一看，有些丈二和尚摸不着头脑。胖女士就指着自己的影子说："看，我立刻变苗条了呀！"朋友这才知道中了胖女士的计，心甘情愿地请她吃了一顿美食。

影子是怎么产生的？

在典故中，立竿见影指的是立起一根竹竿，影子就立刻出现。为什么影子出现得如此快呢？这里涉及两个主要的物理问题：第一，怎样解释影子产生的原因？在物理学中，我们知道光线在均匀介质中是沿着直线传播的，空气在一般情况下被认为是一种均匀介质。在光线的倾斜照射下，一部分光线被立起的竹竿挡住，光线无法穿过竹竿，于是在地面上就出现与竹竿形状一样的阴影，即是竹竿的影子。第二，为什么影子的产生会在立起竹竿的瞬间出现呢？因为光速是自然界中最快的速度。光的传播速度可以达到每秒30万千米，这也是目前已知的自然界中物体运动的极限速度。因此，光线从被竹竿挡住到在地面上形成影子之间的时间间隔非常短，人无法分辨出这么短的时间间隔。因此，在人的观察中，立竿和见影是同时发生的。

采用立竿见影的物理原理，我国古代就有人发明了著名的计时仪器——日晷。日晷由晷针和晷面组成。晷针相当于竹竿，晷面相当于地面，晷面上刻有

日晷

刻度作为计时标准。根据不同时刻太阳所在的位置不同，晷针在晷面上的影子位置也不同，对照晷面上的刻度就可以判定当前时间。不过这种计时仪器无法在阴天和雨天使用。

现代的人们也常用影子来判断方向。比如在原始森林里，太阳在东方出现，树的影子指向西方，所以即便在密林里看不到太阳，也可根据时间和树的投影得知方向。

出处：汉代魏伯阳《参同契·如审遭逢章》："立竿见影，呼谷传响，岂不灵哉！"

释义：把竹竿竖立在阳光下，立刻就能见到影子。比喻立见功效。

小锦囊：我们在解决问题的时候，应该充分考虑各种可能的办法，找到最合适的那个，争取能够在最短的时间内取得最好的效果，做到立竿见影。

怒发冲冠

|发怒的蔺相如|

秦王得知赵王那里有一块宝玉叫和氏璧，很想得到，于是命人假意写信，对赵王提出愿意用十五座城来换这块和氏璧。当时，秦国是强国，赵国是小国。赵王心想：如果秦王仗势把璧拿走，而又失言不给他十五座城的话，那可怎么办呢？

正为这事烦恼时，有个人推荐了蔺相如给赵王。那个人说："蔺相如是一个机智勇敢的人，你让他去完成这件事一定没问题。"

于是，赵王就把和氏璧交给了蔺相如。蔺相如带着璧来到了秦国，秦王得知后，没有在朝廷上召见他，而是非常傲慢地在一个居住室里见他。这使蔺相如十分不快。当他看到秦王拿到璧后并不提换城的事，而是把璧传给了大臣和姬妾们看，他心里感到更加愤怒。不过，他很快冷静下来，灵机一动，说："璧上有点瑕疵，让我来告诉大王吧。"

秦王把和氏璧交给蔺相如后，蔺相如马上退后几步，靠近柱子，只见他极度愤怒，头发似乎都竖起来顶住了帽子。他激昂地说："赵王和大臣们都认为秦国贪得无厌，想用空话骗取和氏璧，因而本不打算把璧送给秦国，听了我的意见，赵王斋戒了五天，才派我送来。今天我到这里，大王没有在朝廷上召见我，拿到璧后竟又递给姬妾们传观，当面戏弄我，所以我把璧取了回来。大王如要威逼我，我情愿把自己的头与璧一起在柱子上撞个粉碎！"

这种情况下，秦王只得道歉，并答应斋戒五天后受璧。但蔺相如预料秦王不会交出城池，就私下让人把璧送回赵国。秦王得知后，无可奈何，只好按照礼仪送蔺相如回赵国。

怒发真的能冲冠吗？

我们常用"怒发冲冠"这一成语来形容人极其愤怒。某些动画片、漫画里可以看到人受到惊吓或者出奇的愤怒时，头发、胡须如芒刺般竖立的场景。虽然怒发冲冠有些夸张，但从物理学知识来分析，却有一定的科学道理。

毛发的活动主要受立毛肌收缩控制，立毛肌活动不像骨骼肌那样可以随意受意志支配，它是受肾上腺素和交感神经支配的，当人产生愤怒、恐惧、惊吓等情绪变化时，交感神经兴奋，肾上腺素水平增高，立毛肌收缩，便使毛发直立。

此外，因为毛发容易产生静电，如果长期不洗头、不梳头，静电会积累更多，根据"同性相斥异性相吸"的原理，同极性的静电容易产生排斥而让头发竖起来。

毛发的结构

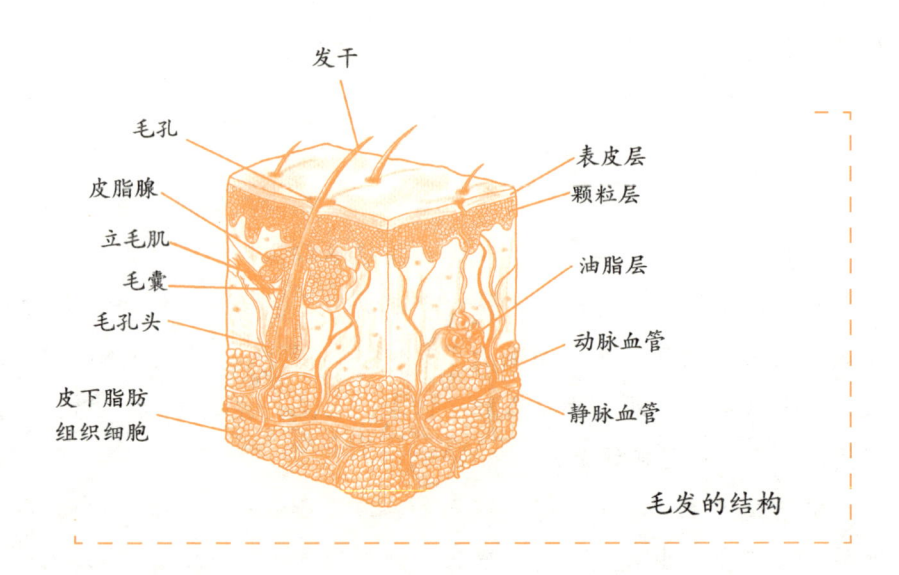

（图示标注：发干、毛孔、皮脂腺、立毛肌、毛囊、毛孔头、皮下脂肪组织细胞、表皮层、颗粒层、油脂层、动脉血管、静脉血管）

理论上，当所有的头发都竖立时，就有"冲冠"的可能。事实上，头发发干具有很强的弹性和柔韧性，由于头发本身的重量，立毛肌收缩的力量不足以使整个发干直立；而静电积累到一定程度时，身体的某些部位也会"放电"，所以，真正的"怒发冲冠"是很难见到的。

出处：《史记·廉颇蔺相如列传》："相如因持璧却立，倚柱，怒发上冲冠。"

释义：冠：帽子。愤怒得头发竖起，顶着帽子。形容极端愤怒。

小锦囊：生气常常会使事情越来越糟糕，而且生气也会影响人的身体健康。因此学会调节、管理自己的情绪是走向成功的重要条件。

排山倒海

发怒的孙悟空

据《西游记》所写，孙悟空被玉帝骗到天上后，以为能做大官，却只得了个"弼马温"的职务。后来，孙悟空知道"弼马温"实际上就是专门负责看马的，是天上最小的官，所以很生气。

玉皇大帝不想费神，就假意封他为"齐天大圣"，却是什么权力都没有。后来王母娘娘设蟠桃宴时，请了各路神仙，唯独没有请孙悟空，孙悟空一怒之下，掀翻了蟠桃宴，偷吃了蟠桃，盗食了太上老君的金丹后逃离天宫。

玉皇大帝知道后，派兵捉拿孙悟空，孙悟空与二郎神赌法斗战，不分胜负。太上老君用暗器击中孙悟空，孙悟空被抓住。天庭诸神用刀砍、用斧剁、用火烧、用雷击、用丹炉炼，却怎么也杀不死孙悟空。最后，天庭只好请来了如来佛，才把孙悟空压在了五行山下。

后来，人们都说，要想降伏孙悟空，不用上排山倒海的力量是不行的。

真的有排山倒海的力量吗？

高山和大海是地球上最主要的两种地貌。由于它们体积大，质量大，因此非常不容易被撼动。有一种东西具有更大的威慑力，甚至可以撼动高山，推动海洋，这就是台风。

台风是热带气旋的一个类别。在气象学上，按世界气象组织定义：热带气旋中心持续风速在12级至13级（即每秒32.7米至41.4米）称为台风。在海洋表面温度超过26℃以上的热带或副热带海洋上，由于近洋面气温高，大量空气膨胀上升，使近洋面气压降低，外围空气源源不断地补充流入并上升。受地转偏向力的影响，流入的空气旋转起来。上升空气变冷，其中的水汽冷却凝结形成水滴时要释放出热

台风的生命周期

量，又促使低层空气不断上升。这样近洋面气压下降得更低，空气旋转得更加猛烈，最后形成台风。台风的运动速度极快，蕴含极大的能量，可以毫不费力地摧毁其移动途中遇到的物体，还会造成剧烈的洋流，使得平静的海面波涛汹涌，台风登陆之后会对高山和大海造成极大的冲击，容易造成滑坡、泥石流等灾害，给人类带来极大的危害。

出处：宋代陈师道《刘道原画像赞》："虽一时贵权气焰势力排山倒海，不屈也。"

释义：排：推开。倒：翻倒。推开高山，翻倒大海。形容力量强盛，声势浩大。

小锦囊：有时候困难如排山倒海般强大，在学习生活中，我们要学会利用自己的潜力，并寻求帮助，努力克服困难。

平流缓进

|平流缓进的学习方法|

张小雨的成绩总是忽上忽下的,像高低不平的波浪线。一天,老师找到张小雨说:"小雨啊,你的成绩为什么总是不稳定呢?自己找过原因吗?"张小雨想了半天,也没想出来。老师从抽屉里拿出一张图片,摸摸她的脑袋说:"你看看这张图片。"只见图片上一条船平稳地行驶在河面上。

张小雨不太明白是什么意思,老师又说:"为什么这条船能行驶得那么平稳呢?"张小雨说:"因为船开得慢。"老师点点头说道:"是的,还有别的什么原因吗?"张小雨又看了看图片说:"因为水面很平静。"

老师这回竖起大拇指说道:"所以啊,我们在学习上,也要像这

平流缓进

条船一样，稳步前进，不能太着急，要把基础知识理解透彻。基础知识就好比平静的水面，而我们的学习态度就像平稳行驶的船一样。"

张小雨听了老师的话，在以后的学习过程中注意到了自己的不足之处，夯实了基础知识，学习态度变得平和，渐渐地掌握了平流缓进的学习方法。

为什么"平流"会造成"缓进"呢？

地球上的任何物体都受到地球对它的吸引力影响，这个吸引力的方向是向下的，因此，水会在地球吸引力的作用下，从高处向低处流动。

不同的河道，水流的速度是不一样的。在落差很大的地方，水从上面跌落下来会产生很大的重力势

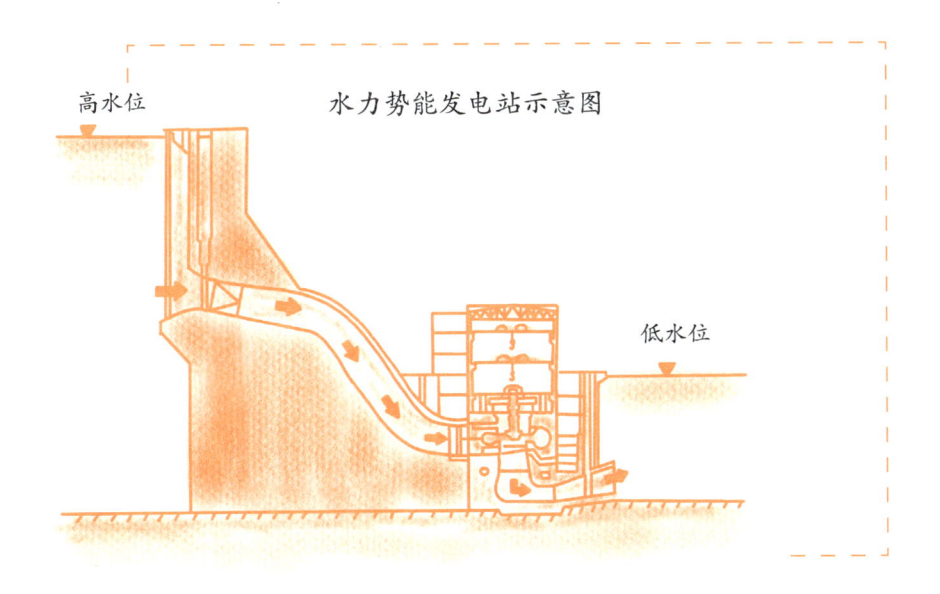

水力势能发电站示意图

高水位　　　低水位

能，落差越大，势能越大，于是，强大的势能会让水的流速加快。这就是水力发电站一定要修建拦河大坝让落差尽可能大的原因。

在很平缓的河段，由于落差很小，重力势能也很小，如果落差为零，则不能增加任何重力势能，水只能依靠原有的惯性流动，而且沿途还要克服摩擦阻力。此时，水的流速会很平缓，这就是"平流缓进"的物理原理。

出处：唐代白居易《泛小舫》诗："船缓进，水平流，一茎竹篙剔船尾，两幅青幕覆船头。"

释义：本指船在缓流中慢慢前进。后比喻稳步前进。

小锦囊：每个人都有梦想，但是梦想不是一蹴而就的，需要我们在努力追求的过程中不断地积累知识与经验，沿着梦想的方向不断前进。

琴瑟和鸣

|两对夫妻|

有一对夫妻，经常因为一些小事情而争吵，吵得严重时还会摔板凳，砸碗筷，因为声音非常大，影响到了邻居的生活。

他们的邻居家也住着一对夫妻，妻子叫琴，丈夫叫瑟，两人十分恩爱。

为了让这对经常争吵的夫妻不再因为一点小事而争吵，琴和瑟就想了一个方法，他们把自己家的大门敞开，让这对争吵的夫妻能够看到他们的生活。

通常，琴早上起来煮早餐，瑟就在旁边准备餐具。吃过早餐后，琴和瑟就会坐在窗下看书，看到精彩处时，两人还会相互议论一番。遇到意见不合时，琴和瑟都会互相谦让。下午，他们会手牵着手一起出去做农活，再手牵着手一起回家。总之，琴和瑟的生活非常和谐，就像乐器琴瑟一样，合奏着生活的乐章。

这对爱争吵的夫妻看到后，受到了熏陶，也渐渐地改掉了他们的坏脾气，变得和睦起来。此后琴和瑟很少再听到他们的争吵了，都会心地笑起来。

为什么和鸣的音乐好听？

我们知道，弦乐器发出的声音实际上是通过琴弦的振动产生的。如果我们对弦乐器稍加研究，就会发现一个共同的规律：对于弦乐器来说，总是琴弦越细声音越高，琴弦越粗声音越低；琴弦的长度越长，振动越慢，声音越低，反之，琴弦的长度越短，振动越快，声音越高。为什么呢？

原来，声音的高低取决于振动的频率，频率越大声音越高，频

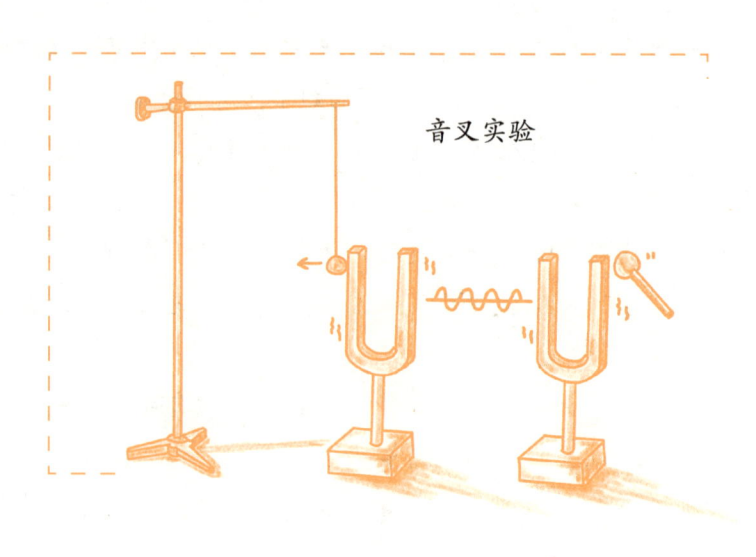

音叉实验

率越小声音越低。显然，琴弦越粗，长度越长，其振动速度越慢，所以频率越低，声音越小；琴弦越细、长度越短，越容易振动，频率越高，声音越大。

物理学中把频率相同、相位相同的物体振动现象叫作共振。发生共振时，物体的振幅变大。

我们生活中见到的有些现象就是运用了共振的原理：比如军队操练时要求军人的步调保持一致，却没有发现军队步调一致地正步走过桥梁的情景。因为步调一致实际上就是一种共振现象，这时的振幅变大，所以会给人更大的震撼力。如果在桥梁上共振，则可能会引起桥的共振，当共振振幅超过桥梁的振动极限时，桥梁就会垮塌。

两种乐器合奏时，如果同时奏出相同的旋律，常常会给人一种美的感觉、和谐的感觉，这也是运用了共振的原理。

出处：元代徐琰《青楼十咏·言盟》："结同心尽了今生，琴瑟和谐，鸾凤和鸣。"

释义：比喻夫妇感情融洽和谐。

小锦囊：生活中，要学会自我认识，改掉不良习惯，与他人相互理解、友好相处，有了团结友爱的氛围，生活才会更美好。

曲高和寡

宋玉巧答楚王

楚国有个人叫宋玉,他是一个文采出色的人,因此受到了楚王的赏识。这引起了很多人的忌妒,这些人经常到楚王面前说宋玉的坏话。

有一次,楚王把宋玉叫过来,说道:"你虽然有才华,但是如果为人处世不行,经常和别人闹不和,那是不行的。"宋玉一听,就巧妙地回答道:"大王,我先给你讲一个故事吧。有个外地人来到都城,他在闹市里唱歌,开始唱的是楚国当时的民间歌曲《下里》《巴人》,由于曲调通俗易懂,会唱的人很多,因此,有好几千人都跟着一起唱了起来;不久,他又唱起了格调稍微高雅一些的《阳阿》《薤露》,这时,跟随他一起唱的人就只有几百人了;后来,他又唱起了更为高雅的《阳春》《白雪》，难度更大了，所以跟着唱的人就只有几十个人了；最后，他将五音特色调和发挥，使乐声达到了极致，这时，就没有几个人能跟着唱了。这其中的道理就是：歌曲的频率曲调越高，能跟着唱的人就越少啊！"

楚王一听，明白了他的意思，便不再责问他了。

为什么歌曲的音调越高，能跟着唱的人就越少呢？

曲高和寡，指的是曲子越高雅，难度越高，能够理解和歌唱的人就越少。在今天，"曲高"往往指的是音乐的频率高。频率越高，音乐的音调就越高，当然能跟着唱的人就越少。

声音有三大属性，分别为音量、音调和音色。音量指的是声音的响度。音调指的是声音的高低。音调主要由声音的频率决定，声音的频率越高，音调就越高。音色则

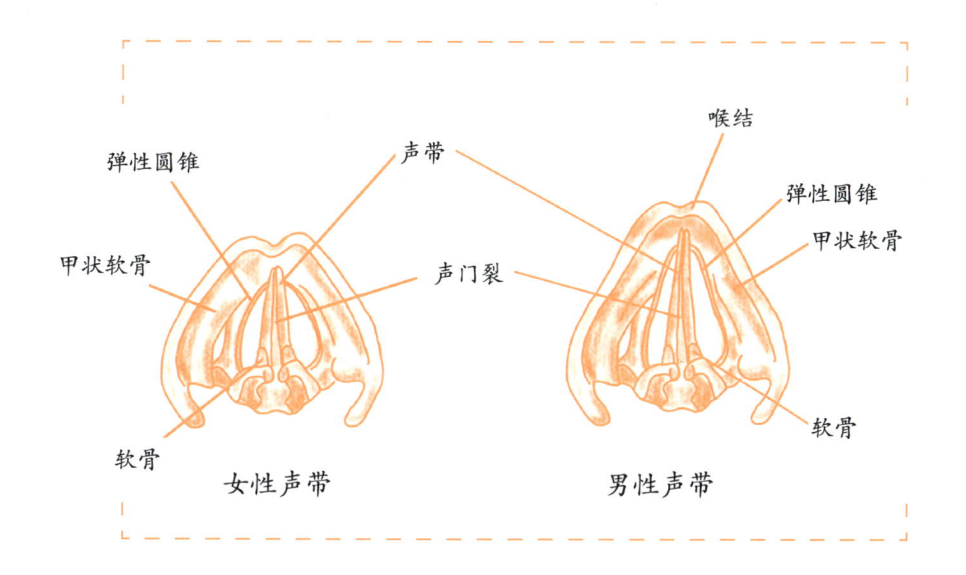

女性声带　　　　　　男性声带

主要反映发声体的材料、结构特征。当我们弹奏钢琴时，按键越用力，音量越大，按压不同的琴键，音调则不同，右边的键比左边的键的音调高，越往右，音调越高。钢琴的声音和人唱歌的声音有很大的区别，这就是音色的不同。

由于人类声带的构造原因，人类发出的声音最低频率大约为85赫兹，最高频率为1100赫兹。由于不同的人的声带构造在一定程度上存在差异，因此每个人的发声频率范围也不一样。男性和女性发声的频率方面也存在很大的不同，男士声带宽而厚，振动频率低，所以声音低沉；女士声带窄而薄，振动频率高，所以声音尖细。

如果某些人因为声带结构特殊，或者经过后天特殊的训练，他们也可突破一般人声音的频率范围，发出一般人达不到的音调，这些人唱的歌，一般人便很难模仿。

出处：战国楚宋玉《对楚王问》："国中属而和者，不过数人而已。是其曲弥高，其和弥寡。"

释义：高：高深；高雅。和：和谐地跟着唱。寡：少。曲调高深，能跟着唱的人就少了。旧指知音难得。现比喻言论或作品不通俗，能了解的人很少。

小锦囊：我们在与人沟通的过程中，尽量要用合适的方式表达清楚，让对方能明白你的意思。

热火朝天

|热情的蚂蚁|

西西是一只非常热情的小蚂蚁，有一天，它路经一棵大树，抬头看去时，西西发现大树的叶子已经落光了，树枝颓废地支撑着，轻风吹过来，有的树枝还会啪啦一声掉下来，整个树干歪歪扭扭的，好像随时会倒下一样。

西西停下脚步，露出一副惊讶的表情，它扯着嗓子问大树："树爷爷，你是不是生病了？"大树低沉的声音传了出来："小蚂蚁呀，我的身体被害虫破坏了，如果啄木鸟医生再不过来帮忙，我很快就会死去的。"

西西一听，热情劲儿就上来了，他拍拍胸膛说："树爷爷，你别担心，我号召我的朋友们过来帮忙捉害虫。"说着，它就三步并作两步地跑去叫朋友了。

　　不一会儿，成千上万的蚂蚁浩浩荡荡地出现了，它们爬上树干，热火朝天地捉起害虫来，树爷爷感觉到自己的身上正在进行着一场声势浩大的工程，它渐渐地感觉到害虫越来越少了。蚂蚁们的热情似乎感染了树爷爷，本来已经不再抱希望的它顿时有了十二分的精神，树枝也变得坚强起来，树叶也逐渐舒展开来，轻风吹来时，它哗啦啦地唱起了歌，蚂蚁们听着歌声，干得就更起劲了。

　　经过蚂蚁们三天三夜热火朝天的奋战，树爷爷终于保住命了。

为什么燃烧的火焰会"朝天"？

　　"热火朝天"这个成语可以让我们想象出一个很具体的画面：一大堆柴火在空旷的土地上燃烧，所有的火焰都是朝着一个方向——天空。

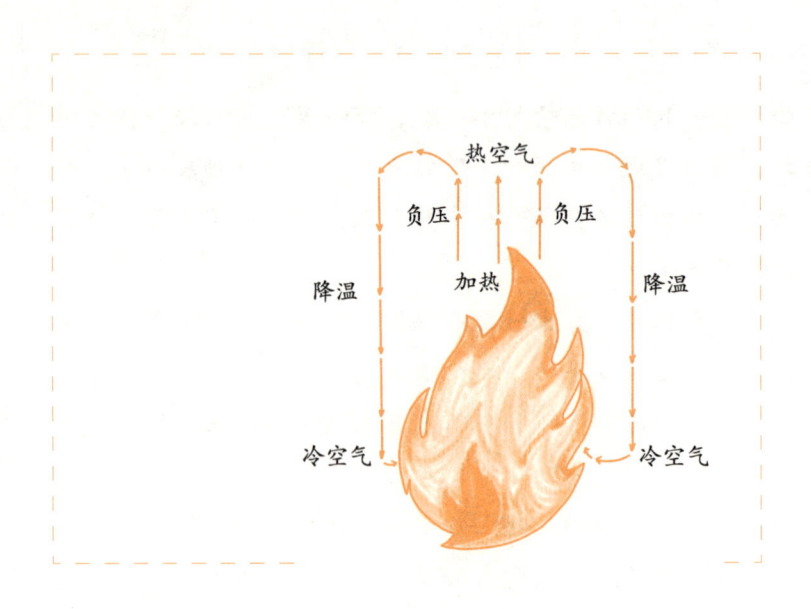

为什么燃烧的火焰会"朝天"呢?

在物理学中有一种现象叫作热胀冷缩,指的是物体在温度升高的时候,它的体积就会增大;在温度降低的时候,它的体积就会缩小。当我们点燃柴火、蜡烛或者其他可燃物之后,产生火焰,火焰周围的空气被火焰加热而温度升高,温度升高让空气的体积增大、密度减小,从而让这部分空气往上运动,这部分空间迅速被未升温的空气补充,然后,火焰又将补充进去的空气加热,使其体积增大、密度缩小,往上运动。这样不断循环的结果,就让我们看到了火焰总是随空气不断地向上运动而指向天空。

出处:魏巍《谁是最可爱的人·前进吧祖国》:"从祖国到朝鲜,我看见一面是热火朝天的建设,一面是在炮火连天中奋不顾身的战斗。"

释义:朝天:冲向天空。炽热的烈火朝天熊熊地燃烧。形容场面、情绪或气氛热烈高涨。

小锦囊:我们做事情,如果能团结一致,投入满腔热情,就能让大家感受到向上的力量。

热气腾腾

热气腾腾的场面

这一天是除夕,为了让大家能在一个干净整洁的环境里过春节,城市里的环卫工人们还在努力地工作着,有一家餐馆的老板看到后,想了一个法子。他通过各种渠道,把他的想法告诉了城里所有的环卫工人。

原来,这位老板是要请城里所有的环卫工人吃一顿年夜饭呢。大家收到消息后,都按时到达了餐馆。不一会儿,餐馆就热闹起来,说笑声、碰杯声,声声响起,空气中弥漫着热气腾腾的饭菜的香味。正当大家吃得起劲时,老板走出来向大家敬酒,老板说:"大家知道我为什么要请你们吃饭吗?"有人说:"过年了,图个热闹吧。"有的人说:"是因为老板发财了!"还有的人说:"是为了以后的发展。"

老板听了，摇摇头说："都不是，我请大家吃饭，是因为我的爸爸妈妈当年也是环卫工人，我知道你们的工作非常辛苦，所以我真心想表达一下自己的感情，衷心希望大家在新的一年里身体健康、工作顺利、家庭幸福！"

在场的人听了，爆发出阵阵掌声，顿时，整个餐馆沸腾起来。

水蒸气是什么颜色？

当我们走进厨房，总能看到"热气腾腾"的景象：水烧开了，水壶上冒出热气腾腾的气体；汤煮沸了，锅盖边冒出热气腾腾的气体。稍加观察就会发现：这些热气腾腾的气体都是白色的，那么，这些气体就是水蒸气吗？水蒸气是白色的吗？

我们知道，液体的水是无色无味的，当它汽化为水蒸气的时候，其实也是无色无味的，那么，为什么我们在烧开水的时候却总能看见

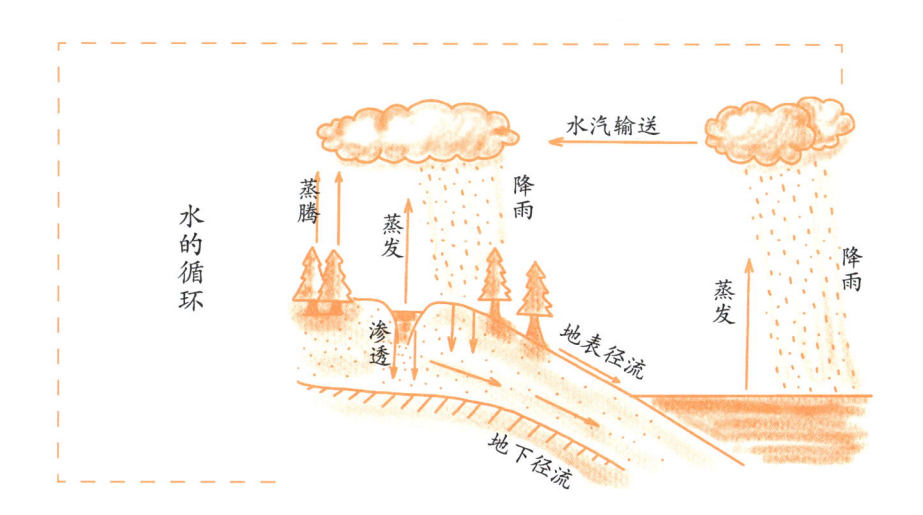

水的循环：蒸腾、蒸发、水汽输送、降雨、地表径流、渗透、地下径流

白色的气体呢？

原来，当水的温度达到100℃时，部分水就会蒸发变成水蒸气，水蒸气进入空气后，由于空气的温度远低于100℃，因此100℃的水蒸气遇到低温的空气，就会发生液化，形成很细小的水滴悬浮在空气中，这就是我们所看到的白色气体。这些白色气体并不是水蒸气，而是水蒸气液化后形成的细小水滴。

水蒸气其实是透明而无色无味的气体，是肉眼看不见的。

出处：清代李宝嘉《中国现在记》第十一回："只见小和用一个小托盘托了几碗盖碗茶，热气腾腾的端过来。"

释义：腾腾：气体上升的样子。热气直往上升。形容气氛热烈或情绪高涨。

小锦囊：在学习生活中，我们要学会用适当的方式调节自己的心情，只要抱着热情的态度，总会有所收获的。

如影随形

胆小的小猪

有一只小猪非常胆小,一点声响都会将它吓得躲起来,所以它干脆不出门,天天待在家里光吃饭、睡觉。

这一天,小猪的主人要修整猪圈,把小猪赶到了猪圈外面的小院子里。小猪在院子里走了一会儿,就害怕起来,因为它发现一直有个黑影在跟着它。它走得快,黑影也跟得快;它停下来,黑影也停下来。它越来越害怕,为了甩掉黑影,它就跑了起来,黑影居然也跟着它跑起来了。小猪吓得连忙求饶:"黑影大哥,你行行好,放过我吧。"

可是,黑影一点声响也没有。小猪心想:这个黑影不说话,是不是正在准备拔刀呢?这一想更害怕了,它又狂奔起来,跑了一圈又一圈，而影子也跟着它跑了一圈又一圈……直到主人出来后，发现了这个情况，才笑呵呵地对它说："你这个胆小鬼，黑影想和你成为好朋友呢，你怕什么！"

小猪这一听，才放了心，它再看看黑影，这个黑影还真像个好朋友一样，只会跟着它，对它一点伤害也没有呢。

为什么影子总是跟着人走呢？

阳光灿烂的白天，我们走在路上，总能发现有个影子一直跟随着我们。我们走到哪里，影子就跟到哪里。

为什么影子总跟着人走呢？

我们先做一个实验：拿一支手电筒对着某件小物体照射过去，在对面的墙壁上就会立即出现小物体的影子，影子的形状与小物体的轮廓完全一样。如果我们移动手电筒的位置，墙上的影子也会移动。如果我们不移动手电筒的位置却移动小物体的位置，那么墙上的影子也会跟着移动。

根据物理学的原理来解释，影子实际上是光线投射到物体上，部分光线被物体挡住后在地面或其他物体上产生的虚像。影子的产生必须具备三个基本条件：首先要有光，然后要有物体，还要有一个能显示出影子的地方。如果缺少其中任何一个条件，都不会有影子产生。

我们在阳光灿烂的白天走在路上时，影子实际上就是太阳光照射我们后投射到地面的虚像。由于虚像必然与实物同时存在，且虚像、实物、太阳一定在一条直线上，所以它只能随着人走，人走到哪里它就会跟到哪里。

出处：春秋管仲《管子·任法》："然故下之事上也，如响之应声也；臣之事主也，如影之从形也。"

释义：好像影子老是跟着身体一样。形容两个人常在一起，关系十分亲密。

小锦囊：在生活中，要想和别人成为好朋友，不一定要经常跟对方在一起，最重要的是，彼此之间要互相理解、互相帮助，这才是成为好朋友的前提条件。

如坐针毡

太子放针

西晋时期，有一个叫杜锡的人，他学识渊博，性格耿直，看到别人做得不对的地方，总会直接说出来。

后来，杜锡做了太子中舍人。他看到晋惠帝的儿子愍（mǐn）怀太子经常做出一些不合理的事情，便多次规劝他。说多了，愍怀太子对杜锡产生了怨恨，他想："杜锡，你以为你是谁啊？居然敢这样说我！"于是，愍怀太子不但不听杜锡的规劝，反而想办法去惩罚他。

这天，愍怀太子来到杜锡的书房里，看到杜锡不在，便产生了一个念头，他在杜锡坐的毡垫里放了一些针，而后就离开了。等到杜锡回来时，一屁股坐上去，屁股顿时被扎得鲜血直流。

第二天，太子故意问杜锡："昨天你都做了些什么事呢？"杜锡看着太子一副认真的表情，感到难以开口，只好撒谎说："昨天喝醉了，不知道自己都做了些什么。"太子就说："平时你喜欢责备人，没想到你也有做错事的时候。"

杜锡听了，什么话也说不出来。

为什么小针尖可以把人扎得鲜血直流？

杜锡没有发觉毡垫里的针，当他坐在上面，屁股被扎得鲜血直流。为什么小小的针尖，会导致那么严重的后果呢？

根据物理学原理，当人和针头接触时，针头会对人产生一个"压强"。压强的大小等于物体所受的压力与受力面积之比。当人对着针尖坐下时，身体会对针产生压力，根据作用力与反作用力的原理，针尖也会对人的身体产生相同大小的压力。由于针尖与人的身体相接触的面积很小，受力面积越小，产生的压强越大，所以，针尖对人体的

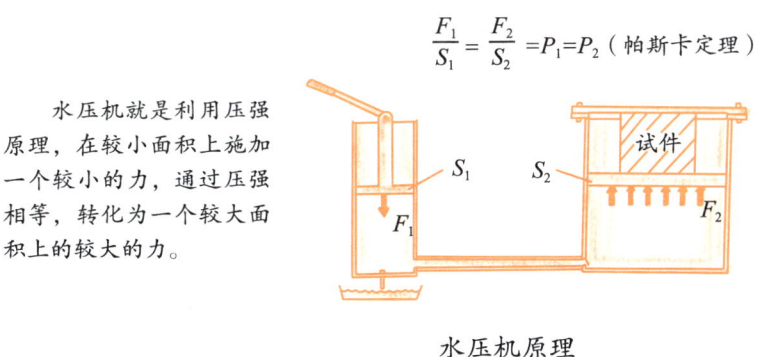

水压机就是利用压强原理，在较小面积上施加一个较小的力，通过压强相等，转化为一个较大面积上的较大的力。

$$\frac{F_1}{S_1} = \frac{F_2}{S_2} = P_1 = P_2$$（帕斯卡定理）

水压机原理
（压强相等，面积越大获得的力越大）

压强便会很大，因此很容易刺破人的皮肤，人的身体在承受很大的压强时便会产生疼痛感。

人体以同样的重量坐在椅子上却不会有疼痛感，更不会有被（没有木刺、竹刺的）椅子刺破皮肤的危险，那是因为人体与椅子的接触面积很大，所以产生的压强很小，在人体所能承受的安全范围内。但如果在人体之下再施加很大的压力，随着压力的增大，压强也会随之增大，人就会感觉到不舒服。而人的疼痛感主要来自外力对人体产生的压强的变化，不仅仅是压力的变化。

出处：明代罗贯中《三国演义》第二十三回："（吉）平只是大骂。王子服等四人面面相觑，如坐针毡。"

释义：像坐在插着针的毡子上一样。形容心神不定，坐立不安。

小锦囊：我们不管做任何事，只有专心认真地去做，才能做好。当心神不定，甚至如坐针毡时，不妨放下手中的活，出去走走，等心情冷静下来后再去处理相关的事情。

石沉大海

小红投稿

小红是一名特别喜欢写作文的小学生,她写的作文常常被老师当作范文读给大家听,小红因此很高兴,心想:我的作文写得这么好,如果把作文投给杂志社的话,一定能刊登出来吧。

于是,小红回家就把自己的作文翻出来,再让妈妈把它们输入电脑。准备好后,小红就按照杂志上的邮箱地址发了出去。一天过去了,两天过去了,三天过去了……一个月过去了,小红没有收到任何消息,杂志上也没有登出她的作文,小红很伤心。

后来,妈妈就对她说:"作文能登到杂志上可不是一件容易的事,你还得继续加油啊!"小红只好点点头,又继续埋头写起来,她把新写好的作文再次发给杂志社,却仍然像石沉大海一样,没有任何消息。小红有些气馁了，说："以后，我再也不投稿了。"妈妈听到了，就说："很多大作家刚开始投稿时都像你一样，但他们没有放弃，坚持写作，最后终于成功了。"

小红听了妈妈的话，受到了鼓励，点点头，又继续写作文去了。

为什么用石沉大海表示没有任何消息？

丢一块石头到水里，它很快就会沉入水中，并且落到水底，永远不会再浮出水面。如果丢一张纸到水里，纸却不会沉入水中，而是漂浮在水面上。

为什么同样在水里，有些物体可以浮在水面，有些物体却沉入水底呢？

原来，物体在水里会受到两个力的影响：一个是向下的物体自身的重力，另一个是向上的水的浮力。其中，浮力的大小等于排开水的重量。由于物体的自身重力等于物体的体积乘以物体的密度，浮力等于排开水的体积乘以水的密度，物体沉入水面下的体积与排开水的体

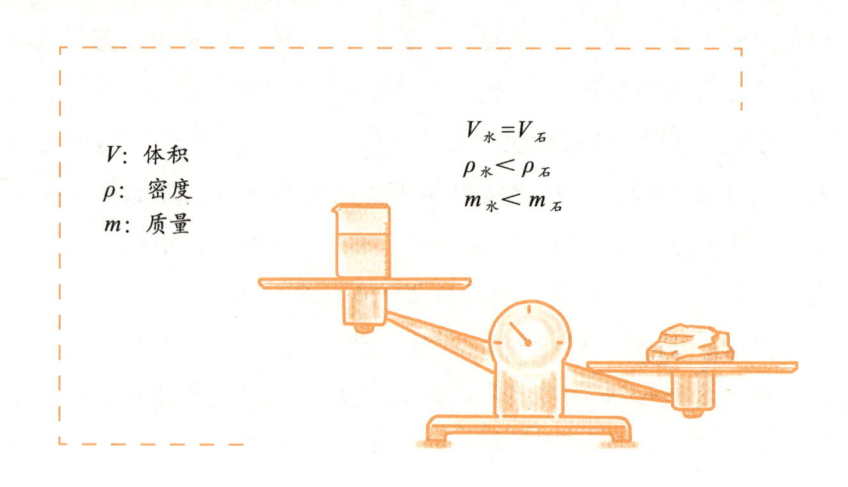

V：体积
ρ：密度
m：质量

$V_水 = V_石$
$\rho_水 < \rho_石$
$m_水 < m_石$

积相等，所以当物体的密度大于水的密度时，自重力大于浮力，物体会下沉，当物体的密度小于水的密度时，物体就会浮在水面上。

由于纸的密度小于水的密度，所以纸会浮在水面上，而石头的密度远大于水的密度，所以石头在水里会下沉。由于海水永远不会干涸，所以通常情况下沉到海水深处的石头将不会有机会露出水面了。

出处：晋代法炬、法立译《法句譬喻经·多闻品》："吾不住度，如石沉渊。"

释义：像石头沉到海底一样。比喻从此再无消息或不见踪影。

小锦囊：做任何事情，要想得到相应的回报，首先要达到相应的标准，要学会坚持，保持一颗热情的心，失败了也不气馁。

势均力敌

|王安石和吕惠卿|

在北宋时期，宰相王安石推行新法，吕惠卿极力巴结他，帮助推行新法，参与重要的变革。吕惠卿受到王安石的器重，很快升为执政。后来吕惠卿又鼓动王安石倡导暴虐的政策。

王安石首次罢相。吕惠卿被提拔为参知政事。此时吕惠卿的野心开始膨胀，他想彻底搞掉王安石，以取代其地位。他采取了两个办法：其一，借郑侠上《流民图》之际，唆使自己的党羽诬告王安石的弟弟王安国，他罗列王安石兄弟的所谓罪行秘密上奏宋神宗；其二，他把王安石给自己的私人信件拿给宋神宗看，其中的"无使齐年（暗指反对变法的参知政事冯京）知"和"无使上知"两句自然引起了宋神宗的极大反感，造成君臣裂痕的产生。据说，此后宋神宗开始对王

势均力敌

安石不满。王安石复相后，认为吕惠卿这个人才难得，故而对其不计前嫌，照样信任有加。此时，被权力和野心腐蚀的吕惠卿不但排挤王安石亲自任命的官员，还处处排挤王安石本人。吕惠卿与王安石势均力敌，想方设法陷害王安石。

为什么可以做到势均力敌？

在拔河比赛的现场，常常会见到这样一种场景：双方队员个个咬着牙，身子往后仰着，用尽全身力气使劲。旁边的啦啦队员们在队伍两边兴奋地喊着"加油！加油……"，但绳子却几乎不动，因为两边势均力敌。

用物理学知识来解释就清楚了，绳子受到两支队伍从两个相反方向传来的作用力，如果两个方向的作用力大小相等、方向相反，并且在同一条直线上，这两个力就彼此平衡，我们称之为"二力平衡"，那么绳子就会呈现出静止的状态，不会左右移动。如果某支队伍在比

Newton（1642—1727）

$F_1 = F_2$

赛过程中出现懈怠情绪，力量受到影响，来自另一个方向的力就会大于来自这一方向的力，绳子就会向对方方向移动，一旦这时候不能增加力量保持与对方的力量相等，绳子就会继续向对方方向移动，直到对方取得胜利。

出处：《太平御览》卷四三二引《尹文子逸文》："两智不能相使，两贵不能相临，两辩不能相屈：力均势敌故也。"

释义：势：势力。均：均等。敌：匹敌；相当。形容双方力量相当，不分高低。

小锦囊：在学习中，常常会有成绩不分上下的同学，要想取得更好的成绩，就需要在学习中不断地总结经验，找出自己的不足之处，对症下药，超越他人。

水滴石穿

刚正不阿的张乖崖

宋朝有个名臣叫张乖崖,他是一个刚正不阿的人。

有一段时间,张乖崖在崇阳当县令。有一次,他正在衙门周围巡行,突然,他看见一个小吏从府库中慌慌张张地走出来,张乖崖立即喝住小吏:"站住!你做了什么事?"小吏缩着脑袋,双臂紧紧地贴在身体两旁。张乖崖拉开他的双臂,只听叮当一声,从小吏的腋下掉下来一文钱。张乖崖怒视道:"你做了什么事?老实交代!"小吏支吾了半天,才承认自己从府库中偷了一文钱。

于是,张乖崖就把小吏带回到大堂上,下令拷打。小吏听了很不服气,说:"一文钱算什么?你最多只能打我,是没有资格杀我的!"张乖崖大怒道:"一天偷一文钱,一千天就偷了一千文钱,绳锯每天锯一点，天天锯的话，木头也会断掉，水每天滴一滴，天天滴的话，石头也能打穿！为了防微杜渐，我必须判你死刑！"

小吏一听，立刻惨叫起来："不，我不想死！"

小水滴如何能滴穿石头？

一个小水滴是微不足道的，水滴在石头上只会留下一个很小的水痕，然后很快会蒸发。如果我们有机会参观一些溶洞（如桂林七星岩溶洞），导游就会指着一些大大小小的凹陷、洞穴，对游客说：这些凹陷和洞穴都是水滴造成的。

为什么微不足道的水滴可以让石头穿孔？

从物理学的原理看，一个小水滴在高处具有一定的重力势能，重力势能是物体被举高后所具有的能量，它与物体的重量和所处的高度有关。一个小水滴质量很小，重力势能也很小。虽然这个力很小，但水滴落到石头的瞬间，水滴会有一个作用力作用在石头上，它会对石头产生影响，随着时间的推移，影响不断积累，就会让石头产生某些明显的变化。

同时，水滴落在石头上，会让石头的局部温度发生改变，导致石头的温度不均衡，当温度变化时，不均衡的温度会导致石头内部膨胀的力度不均衡，长时间作用下，就会在石头内部产生爆裂，出现缝隙或者孔洞。

出处：《汉书·枚乘传》："泰山之霤穿石，单极之绠断干。水非石之钻，索非木之锯，渐靡使之然也。"

释义：水不停地滴，石头也能被滴穿。比喻力量虽小，只要有恒心，不断努力，事情就能成功。

小锦囊：如果在学习生活中遇到一点困难就退缩，或者停滞不前，那么就一定不会获得成功。只有坚持不懈地努力，成功才会离你越来越近。

水涨船高

会"长高"的船

森林里住着三个好朋友，它们分别是小白兔、小猴子和大笨狗。小白兔家住在河的东边，小猴子和大笨狗住在河的西边。

这一天，受小白兔的邀请，小猴子和大笨狗两个好朋友要去给小白兔过生日。它们要乘船过河才能到达小白兔家。它们一边划桨一边说笑着，当划到岸边时，大笨狗发现，它站在船上就能摘到岸边果树上的水果。它很兴奋，忙说："小猴子，我长高啦，我能够摘到水果啦！"小猴子看着大笨狗的模样就笑了。小猴子说："你一点也没长高！是船'长高'啦。"大笨狗不信，哈哈大笑起来，说："小猴子，你真会开玩笑，船怎么会'长高'呢？"小猴子神秘一笑，说："船不但会'长高'，而且还会'变矮'呢！不信，你一个星期后再来看看吧。"

一个星期后，小猴子和大笨狗又来到岸边，果然，大笨狗又摘不到果树上的水果了。大笨狗疑惑地说："难道船真的会'长高'吗？"小猴子这才把真相告诉大笨狗："上个星期连续下大雨，水涨高了，船自然也就'长高'了啊！"

为什么船会随着水涨高而升高呢？

我们从上游乘船经过葛洲坝水利枢纽工程时，会遇到这样一个现象：船行到闸门处，后面的闸门关闭，前面的闸门打开，于是上游高水位的水涌进来让闸门处的水位徐徐上升，船也随着水位的上涨不断被抬高，直到闸门处的水位与上游的水位相平，船也就顺利升上去，然后船从闸门处开走，进入下游段航行了。

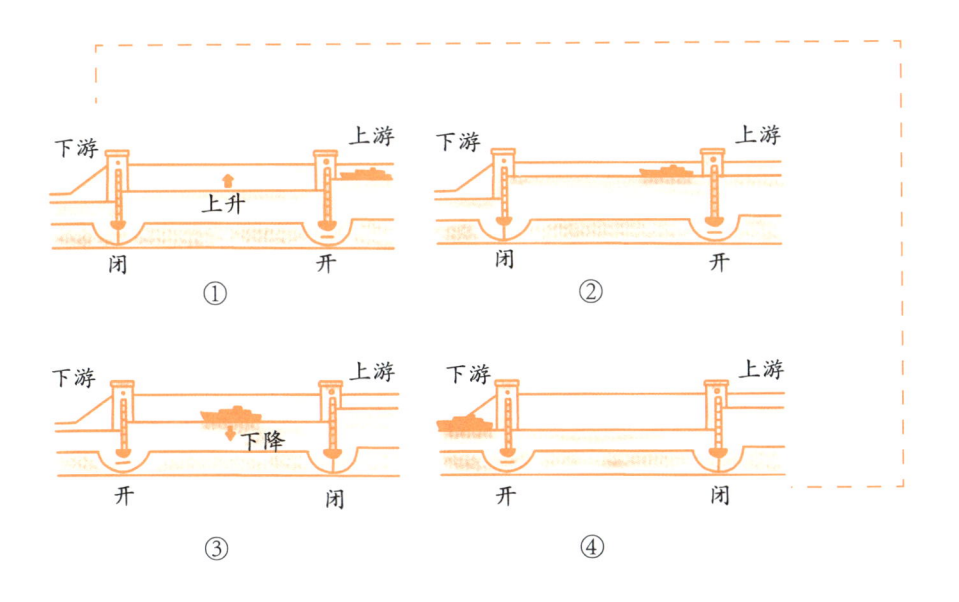

用物理学的原理来解释，船在水中受到两个作用力的影响：一个是向下的重力；另一个是向上的浮力，浮力的大小等于排开水的重量。当排开水的重量与船的重量相等时，船就能维持纵向的平衡，停留在水面上。当水面升高时，排开水的重量必然增加，所以浮力也会增加，向上的浮力会托举船体向上升，以达到减少排开水的重量，并与船的重量相等时停止，以达到新的平衡。水面继续升高，船会继续向上寻求新的平衡，周而复始，就会出现船随水面升高而不断被抬高的现象。

如果我们维持水平高度不动，增加船体重量，船就会向下沉。人类根据这个原理发明了潜水艇。

出处：宋代普济《五灯会元·芭蕉清禅师法嗣·芭蕉继彻禅师》："眼中无翳，空里无花。水长（涨）船高，泥多佛大。"

释义：水位升高，船身也随之浮起。比喻事物随着它所凭借的基础的提高而提高。

小锦囊：在学习中，如果能够把基础知识牢牢地掌握好，那么成绩自然也会随着知识的增长而提升上去。

随波逐流

|不随波逐流的屈原|

屈原出生于战国末期的楚国,他是中国最早的大诗人之一,也是一名具有强烈爱国主义精神的政治家。他主张对内要推举有才能的人,主张治理国家要法制清明,条理井然,对外则要联合齐国的力量去对抗秦国。后来因遭受贵族的排挤,被流放到了沅湘流域。

公元前278年,秦国攻破楚国都城郢都,并在夷陵焚烧了楚先王陵墓。忧国忧民的屈原来到汨罗江,他披散着头发,在水泽边一面走,一面吟咏着。渔夫看见他,便问道:"您不是三闾大夫吗?为什么来到这儿?"屈原说:"我听说,刚洗过头一定要弹去帽上的灰沙,刚洗过澡一定要抖掉衣上的尘土。谁能让自己清白的身躯蒙受外物的污染呢?宁可投入长流的大江而葬身于江鱼的腹中,又哪能使自己高尚的品质去蒙受世俗的尘垢呢？"于是他写了《怀沙赋》，然后抱着石头，投进了汨罗江。

后来，文学家、历史学家郭沫若在《屈原》中这样描写屈原："你心胸开阔，气度那么从容！你不随波逐流，也不故步自封。"

为什么可以随波逐流呢？

随波逐流的意思是随着波浪起伏，跟着流水漂荡。

为什么可以随波逐流呢？

从物理学的原理来分析，水波是一种振动波，因此它具有以下特点：一是以波的形式传播能量；二是可以引起共振。当我们坐着橡皮艇漂浮在水面时，水面的波浪会将能量传递给橡皮艇，引起橡皮艇的共振，于是，当波浪中出现波峰时，橡皮艇也会被抛到波峰之上，当波浪中出现波谷时，橡皮艇也会随之落到波谷之上。

当水在流动的时候，水流会载着橡皮艇往下游方向流去。

随波逐流

　　以上都是橡皮艇不需任何自身力量的情况下，随着波浪和水流运动的情景。

　　如果加入其他动力，比如划桨、加装动力设备，则可以逆水行舟，橡皮艇就不会被动地随波逐流了。

出处：《史记·屈原贾生列传》："夫圣人者，不凝滞于物而能与世推移。举世混浊，何不随其流而扬其波？"

释义：逐：追赶；跟着。随着波浪起伏，跟着流水漂荡。比喻自己没有主见，随着潮流或别人走。

小锦囊：一个没有坚定立场、缺乏判断是非能力的人，最终会被社会淘汰，因此，在面对某件事情时，自己要学习从各个方面进行分析与判断，不要做一个随波逐流的人。

脱颖而出

|脱颖而出的舞者|

晚会上，一群穿着白色长裙的舞者缓缓地走向舞台。她们时而展开双手，时而轻盈地迈开步伐。她们有着高挑的身材、美丽的容颜。她们的舞姿那么优美，那么和谐，迎来观众们阵阵掌声。

正当大家都凝视着这群美丽的舞者时，忽然，一个穿着粉色短裙的女孩从舞台上方缓缓降了下来，大家的目光顿时聚集在她身上。天啊，这是一位特殊的舞者，她只有一条腿！大家惊呆了，当升降梯到达地面时，这名独腿舞者站在了舞台上，她开始跳舞了，她的舞姿像一只欢快的小鹿，在那群白衣舞者中，时而跳跃，时而沉思，音乐变得欢快起来，独腿女孩用她特有的方式在努力地表演着，大家目不转睛地欣赏着她的舞姿。当音乐缓缓停下来时，只见独腿女孩一个跳跃，以"飞翔"的姿态被所有白衣舞者举到了空中。

顿时，全场爆发出一阵阵热烈的掌声，有观众高喊着："真是一名脱颖而出的舞者啊！"

是什么力量让物品脱颖而出？

用一个布袋装各种不同的东西，提着它走过一段路程之后就会发现，那些东西仍然被布袋装着，但有些尖锐的部分却已经露出布袋之外了。

是什么力量让这些尖锐的部分从布袋中露出来的呢？

原来，当我们提着布袋走路时，随着走路时的上下颠簸，布袋中的物体与物体间会发生挤压、移动。当尖锐的物体移动到布袋边缘且受到其他物体的挤压时，尖锐部分也会将压力传导给布袋。由于尖锐部分与布袋的接触面积很小，因此尖锐部分会给布袋一个很大的压强，压强的大小与接触面积成反比，越尖锐，压强越大，当压强的大小超过布袋所能承受的最大压强时，尖锐的部分就会刺破布袋，从布袋中露出。

脱颖而出需要具备两个条件：一是足够尖锐；二是能借助一定的外力。

出处：《史记·平原君虞卿列传》："使遂蚤得处囊中，乃脱颖而出，非特其末见而已。"

释义：脱：显露。颖：指锥子把上的环。锥子透过布袋显露出来。比喻人的才能全部显露出来。

小锦囊：一个人的本领能脱颖而出不是一朝一夕就能实现的，只有把本领练到炉火纯青的地步，超越别人，才能令人刮目相看。

危如朝露

商鞅遇害

在秦国，有一个人叫商鞅，他是一个十分关注国家政事的人，常常为国家的君王出谋划策。有一次，商鞅根据当时的国情，向君王提出了一个策略，君王听到后，感觉策略很好，便决定实施，还因此奖励了他一块土地。

商鞅提出的策略非常严厉，只要违法的人，都要受到应有的惩罚，因此他受到许多朝臣及显贵们的忌恨。有一次，太子也触犯了法律，商鞅就说："法律的精神就是公正平等，但太子是皇位的继承人，不能加以责罚，需另谋办法，以显公正。"于是，被惩罚的人就变成了太子的老师。商鞅说："因为老师教导不严，才会使太子犯错，所以必须严惩。"

很多年过去了，君王去世了，由太子继位。这时，有人劝商鞅："你赶紧离开这里吧，如今新的君王上位了，他不会像以前的君王一样支持你的，而你以前又得罪过那么多人，你现在就像早晨的露珠一样危险。"商鞅不听劝告，果然，那两个曾受责罚的太子老师与大臣勾结，诬陷商鞅有谋叛之心。

商鞅得知此消息后，逃到其他国家，但其他国家的君王害怕得罪秦国的君王，不敢收留他，商鞅只好回到秦国，最终遭受了五马分尸之刑。

为什么朝露很容易消失？

清晨，我们常可以在一些草叶上看到一颗颗亮晶晶的小水珠，这就是朝露。朝露四季皆有，秋天特别多。晴朗的夜间，地面热量散失很快，地面气温迅速下降，温度降低，空气中的水蒸气遇冷后发生液化变成液态，附在草上、树叶上等，凝成细小的水珠，就是露珠。

露珠虽然美丽，但却很容易消失。当太阳出来之后，太阳光照射在地表，使得地表温度逐渐上升，由于露珠本身的体积较小，很容易蒸发变成水蒸气。温度越高，露水蒸发的速度也越快。

在物理学中，物体都具有三种形态，分别是气态、液态和固态。这三种形态可以互

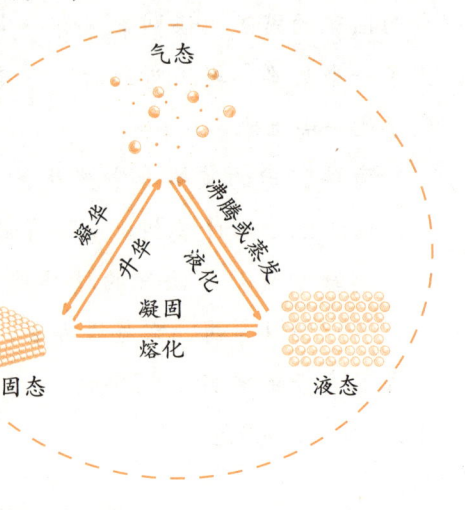

相转化，比如水这种物质，它呈气态时被称为水蒸气，呈液态时是我们常见的液态水，呈固态时就是冰。

气体变成液体的过程叫作液化，而液体变成气体的过程叫作汽化，所以产生露珠的过程就是液化的过程，而露珠消失的过程则是汽化的过程。

出处：《史记·商君传》："君之危若朝露，尚将延年益寿乎？"

释义：危险得像清早的露水，太阳一出来就会消失。形容处境极危险。

小锦囊：生活中，一些危险是潜伏的，无法预知，我们要学会全面思考，防患于未然。

五彩缤纷

|美妙的地下水晶宫|

达克是一名探险家，而他的妻子玛丽则不喜欢他从事这样的工作。

有一次，玛丽为了阻止他将探险工作持续下去，想了一个办法。玛丽对达克说："如果你能在一年内找到一座地下水晶宫，宫里必须要像彩虹织成一般的漂亮、辉煌，那么我就答应你将探险工作继续下去。如果一年内你找不到这座水晶宫，你就必须更换其他工作。"

达克想了想，点头答应了。为了寻找到这座地下水晶宫，达克走了许多地方，但是，一年时间很快过去了，地下水晶宫仍然没有找到，他感到很失望，只好辞掉了自己的探险工作。

回到家里，玛丽微笑着向他走来，玛丽说："达克，欢迎你回家。"达克一脸疲倦的表情，说："我没有找到地下水晶宫，按照先前的约定，我辞掉了探险工作。可是，我以后能做什么呢？"

这时，玛丽就拉着达克走进了他们的地下车库里，刚走进去，只见墙壁上有许多霜花似的花纹，在灯光的照耀下，满墙都放射着五彩缤纷的光芒，就好像是彩虹织成的。达克惊呆了，玛丽告诉："达克，这是我为你做的地下水晶宫，以后就请你帮助我，把这座地下水晶宫经营起来，我们一起努力工作吧。"

达克看着五彩缤纷的地下水晶宫，露出了欣慰的笑脸。

大自然为什么五彩缤纷？

大自然中，我们能看到各种不同颜色的物体，如花园中有各种颜色的花。红色的有海棠花、木棉花、玫瑰、月季、牡丹等，黄色的有迎春花、大丽花、黄菊花、向日葵等，紫色的有薰衣草、郁金香、紫罗兰、牵牛花等，白色的有梨花、玉兰花、昙花、栀子花等。

为什么会有各种颜色的花？为什么没有黑色的花呢？

用物理学的知识解释，我们平时看到的光线大都来自太阳。太阳光不是一种单一的光，它是由许多不同波长的光线组成的复合光。如果用三棱镜对着太阳光，则可将白色的太阳光分解成红、橙、黄、绿、青、蓝、紫七色光，而将这七色光按顺序排列起来，就是光谱。太阳光除了光谱中的七色光外，还有肉眼看不见的红外

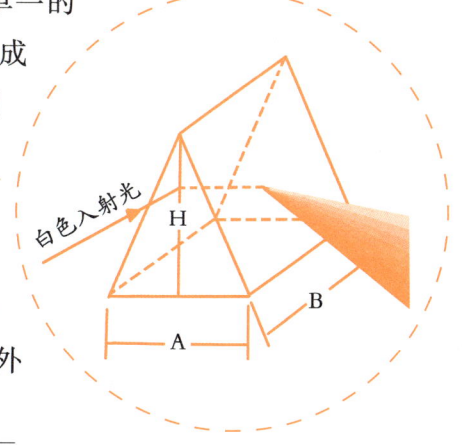

线和紫外线。

这七色光和红外线、紫外线不仅波长不同，很多物理性质也不同，比如：紫外线波长最短，能使荧光物质发光，可以杀死细菌等；红外线则波长最长，能产生较大的能量辐射，使被照射的物体温度升高。

根据以上原理，白色花朵几乎可以将太阳光的辐射全部反射出去，因为它们的身体不能承受较多的能量辐射，而红色花朵则需要吸收一部分太阳光的辐射，所以我们看到的就是红色。如果花朵是黑色的，则会将照射到花朵上的太阳光的能量全部吸收，会使它的体内温度过高而被烧死。

出处：清代吴趼人《二十年目睹之怪现状》："连日把书房改做了账房……铺设得五彩缤纷，当中摆了姊姊画的那一堂寿屏，两旁点着五六对青烛。"

释义：指各种颜色，也形容色彩繁多。

小锦囊：看似单一的太阳光，经过棱镜的分解，就能呈现出五颜六色的光，那么平凡的生活，经过自己的努力，也会被打拼成一个五彩缤纷的世界。

弦外之音

周瑜听出弦外之音

三国时期,有一位名将叫周瑜,他和当时的孙策情谊非常深厚,既是君臣关系,又是亲戚关系,因此周瑜一直忠心耿耿地为孙策效劳。

曹操听说周瑜年轻有才,想把他拉拢过来,便派仪表堂堂、能言善辩的蒋干去说服他。而且蒋干和周瑜曾经是好朋友,曹操认为派他去说服周瑜应该没有什么问题。

可是,没想到,两人一见面,周瑜就猜出了蒋干的用意,他对蒋干笑着说:"朋友,你辛苦了啊!大老远来看我,你不会是曹操的说客吧?"蒋干一听,尴尬地说:"我和您是扬州老乡,多年不见,听说您现在飞黄腾达了,所以想来叙叙旧。您却把我看成是说客,开玩笑吧!"

周瑜认真地说："我的耳朵虽然比不上著名的音乐家师旷那么灵敏，但弦外之音还是能分辨出来的。"于是，两人舌剑唇枪一番后，就喝起酒来。

过了几天，周瑜带着蒋干观看吴军的军营及仓库，看完后，周瑜说："我和孙策的关系向来很好，对外是君臣关系，对内又是亲戚关系，我对他言听计从，祸福与共，这样的关系是不能通过言辞来说服的。"

蒋干听了，笑了笑，最终没有对周瑜说出他真正的用意。

人为什么可以听到弦外之音？

弦外之音是什么？没有一个统一的说法，按我的理解，就好比一个人正对着琴谱弹着琴，弹了一会儿后突然中断，有部分旋律没有弹奏出来，让听琴者慢慢体会未弹奏的部分。于是，有些人就能听明白弹奏者未奏出的"弦外之音"。

难懂的弦外之音可能需要根据前面听到的旋律推测出演奏者想要

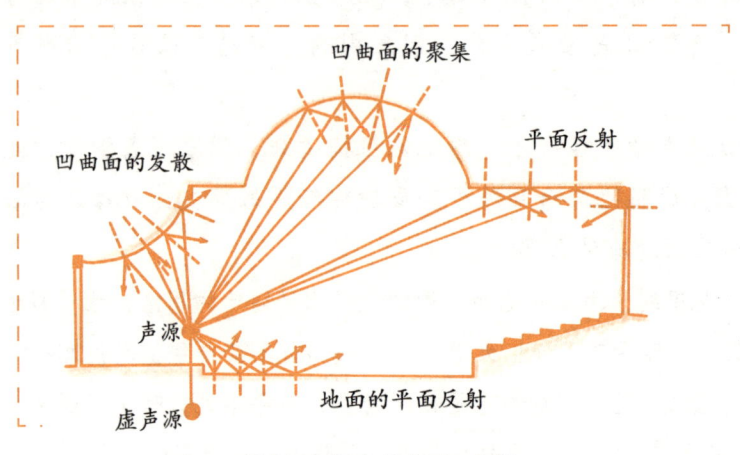

剧场的声音传播与反射

表达的思想，也可推测出未奏出的旋律。简单的弦外之音则只需要听明白演奏者的"余音"。余音就是当琴弦不再振动时，我们的耳朵还能听到的声音。

为什么还会有余音呢？余音其实就是我们常说的回声。当声音投射到距离声源有一段距离的较大面积的物体上时，声波中的能量的一部分被吸收，另一部分则被反射回来，这种反射回来的声音叫"回声"。

回声在我们日常生活中随处可见，音乐厅里，正因为有了回声，回声与原音重叠，烘托了原音，增加了原音的"和声"效果，因此能让我们感受到更美妙的音乐。

出处：南朝宋范晔《狱中与诸甥侄书》："吾于音乐，听功不及自挥……其中体趣，言之不尽。弦外之意，虚响之音，不知所从而来。"

释义：原指音乐的余音。比喻言外之意，即在话里间接透露，而不是明说出来的意思。

小锦囊：沟通是一门技术，有些事情不便直接说出来时，可以尝试用"弦外之音"的方法进行试探，再做最后的判断。

削铁如泥

怪兽被消灭了

从前，在村外住着一头怪兽，它怕光，一到晚上，就会跑出来吃人。所以，到了晚上，村里的人都不敢出门，通宵都点着灯。

有一个铁匠花了几年的功夫打出了一把锋利无比的剑，他在村里贴出公告，上面说这把剑削起铁来就像削泥一样轻松，如果有人能够拿着这把剑去杀掉怪兽的话，那么他就会将这把剑送给这个人。

公告贴出了几天，没有人敢过来拿他的剑，大家纷纷说："那怪兽太厉害，一把剑拿它没有办法的。"

铁匠很失望，只好决定自己去杀怪兽。但是，铁匠已经老了，行动起来很不方便，要想打败怪兽，那是不太可能的。

天黑下来时，铁匠要出门了，邻居一个年轻人看到了，急忙跑过

削铁如泥

来拦住他，说："让我去吧！我想出了一个好办法。"说着，只见他在剑上贴了一张会发光的纸，铁匠看到了点头称赞道："年轻人，你真聪明啊！"

果然，当怪兽出来时，年轻人一拔剑，剑上的纸发出了耀眼的光芒，使怪兽吓了一跳，这时，年轻人就迅速挥起刀，砍下了怪兽的脑袋。

后来，人们发现，那怪兽的脑袋真如铁一样硬啊！

为什么坚硬的铁也能被削开？

在固体的世界里，衡量一个物体能否被"削"的一个重要物理指标就是其硬度。

比如我们拿起一张纸，用手一撕就可撕成两半，但如果我们拿起一块铁皮，即使再用力也无法将铁皮撕成两半，这就是硬度的差别。因为纸的硬度很低，人手的撕扯力量很容易将它撕开，而铁的硬度却

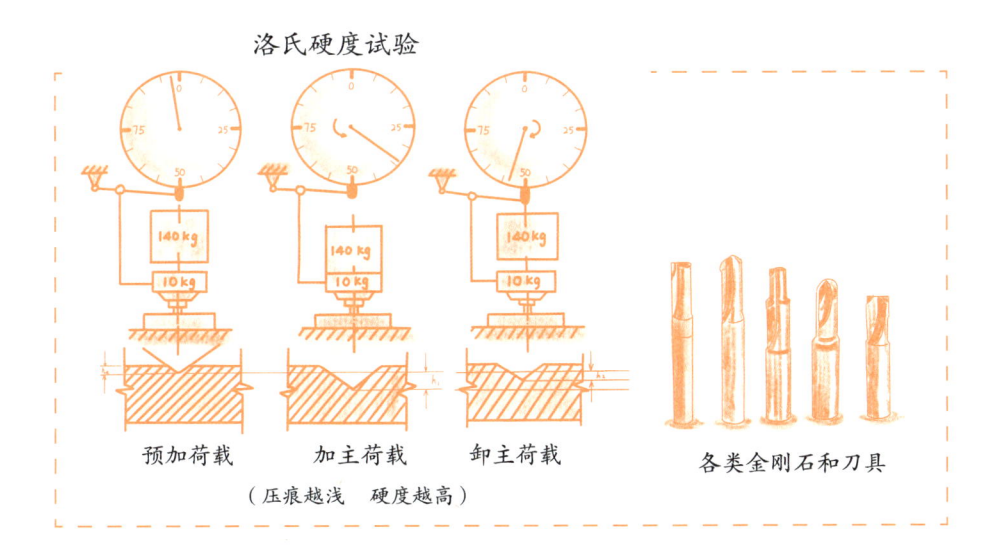

洛氏硬度试验

预加荷载　　加主荷载　　卸主荷载
（压痕越浅　硬度越高）

各类金刚石和刀具

很高，人手的撕扯力量根本奈何不了它。

　　如果我们要折断一颗铁钉，通常情况下，用手是无法实现的。但如果我们借助钳子这一工具，却很容易将它夹断。这是因为用力夹紧钳子的力量，已经超过了铁钉硬度所能承受的范围。

　　研究表明，在钢铁冶炼时，按照一定比例加一点高熔点的钨，可以极大地提高钢铁的硬度，用这种材料制作出来的宝剑，当然就削铁如泥了。

　　削铁如泥的金属材料在工业生产中非常有用，比如石油钻探用的金刚石钻头，正因为具有很高的硬度，所以才能钻进几千米深的地壳，从地下开采到石油。

出处：明代罗贯中《三国演义》第四十一回："那青釭剑砍铁如泥，锋利无比。"

释义：切削铁器如同斩剁泥土一样。形容兵刃极其锋利。

小锦囊：一把锋利的兵器往往需要精工细作，而我们要想让自己比别人出色，同样也需要不断地磨炼自己。

一泻千里

|小猴子的想法|

这天，森林里的一只小猴子来到了一个美丽的地方，它发现这里花果飘香，远处的一条瀑布如银色的丝带一般，从山上一泻千里，非常壮观。小猴子就想：难道这里就是我的师兄齐天大圣的花果山吗？

于是，小猴子就叫起来："孙悟空……"没有人回应它。它又叫道："齐天大圣……"仍然没有人答应它。它想，可能师兄躲在帘洞里睡觉吧。它沿着山路爬到了半山腰，钻进了瀑布经过的山洞里，可是，里面什么人都没有。

小猴有点失望，就坐在洞里看眼前的瀑布，听着哗啦啦的瀑布声，小猴又想：可能师兄等一会儿就回来了。

它等了几个月，仍然没等到师兄，这只小猴子就把水帘洞当成了自己的家。待久了，小猴子对眼前的瀑布产生了兴趣，它想：瀑布为什么会跑那么快呢？为了找到答案，他就去找好朋友小熊，小熊说："因为山高啊。"

小猴子听了，就想：如果有东西从山上掉下去，会不会也和瀑布一样落得飞快呢？这样想着，它就跑到山上找到一个大果子，准备扔下去。这时，它脚下的一块石头从山上落了下去，只听"咚"的一声，石头就没了踪影。

小猴子吓得跑下了山，它自言自语地说："看来只有水能一泻千里，如果是好东西掉下去的话，就再也找不到了。"

一泻千里的气势

根据物理学的能量守恒原理：任何能量都不可能凭空产生，也不可能凭空消失，它只可能从一种能量形式转化为另一种能量形式，或者从一个物体传递给另一个物体。

一泻千里表达的就是动能和势能的转换形式。

奔腾的江水以一定的流速在河床流动，单位时间内流过一定量的水，那么这部分水就会产生一定的动能，流速越大动能越大，流过的水量越多，动能也越大。如果河床存在一个落差，那么这个落差就会产生势能，落差越大，势能越大。当水流过这个落差时，势能就转化成水的动能，加速水的流动，所以从高山上跌落下的水容易给人一种

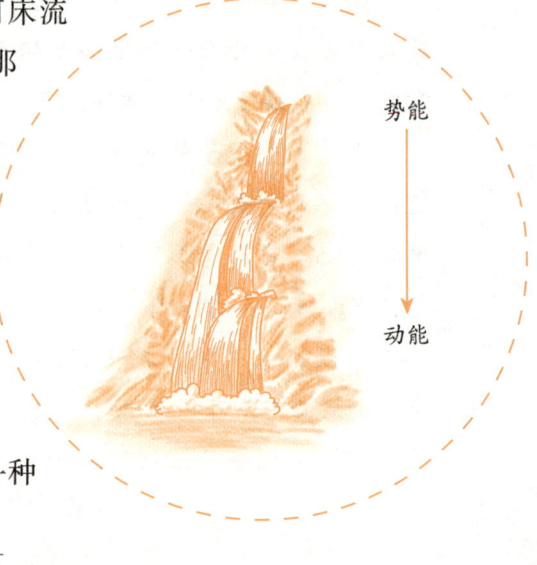

一泻千里的感觉。

　　古代的水车，现代的水力发电，都是运用了动能和势能的转化原理。

出处：宋代陈亮《与辛幼安殿撰书》："长江大河，一泻千里。"

释义：泻：水急速往下流。原指江河水奔腾直下，气势磅礴。比喻文笔流畅，气势奔放。

小锦囊：在写作文或者创作乐曲时，我们可以尝试大胆地发挥想像力，使作品达到一泻千里的震撼效果。

一叶障目，不见泰山

书呆子闹笑话

以前有个穷书生，他天天读书，喜欢幻想，常常待在书海里。有一日，他在读《淮南子》时，看到一段奇妙的话：因为螳螂在捕蝉时，总会用一片树叶来遮挡身体，所以，只要能找到那片遮挡螳螂的树叶，就可以用它来遮挡自己的眼睛，这样，别人就无法看到自己了。

这段话使书生产生了一丝幻想，他想：如果我能找到那片树叶的话，那么，我就可以隐身了。于是，书生立即放下手中的书，努力寻找树叶去了。每日，他都来到大树下，不停地寻找那片树叶。几个月过去了，他终于看到了一只正准备捕捉蝉的螳螂，它躲在一片树叶后面。书生急忙小心翼翼地爬上树，摘下了那片树叶。正当他要往下爬

一叶障目，不见泰山

时，手中的树叶不小心掉了下来，与地面上的落叶混在了一起。看着眼前一大堆树叶，书生很着急，他完全分不出哪片是刚才摘下的。无奈之下，他只好把那堆落叶都收集起来带回了家。

回到家后，书生拿着一片树叶挡住自己的眼睛，问妻子："你能看到我吗？"妻子说："能看到。"于是，他就又换了另一片树叶继续问，连续几次，妻子都说"能看到"，但被他问了多次之后，妻子感到很烦，索性就回答他说："看不到了。"书生一听，非常兴奋，就拿着那片树叶出门了。他来到市场上，顺手就拿走了别人卖的衣服，结果被人抓住，并扭送到了衙门。

经县官一顿审问后，大家都笑了起来，这个书呆子真是"一叶障目，不见泰山"啊！

为什么一片树叶可以挡住泰山？

故事中的书生之所以被人抓住，并被大家嘲笑，是因为书生不明白物理学中光是沿直线传播的基本原理。

光在均匀介质中是沿直线传播的。人能看到物体，是因为人的眼睛能接收到物体反射回来的光线。当物体和人的眼睛之间有阻挡物存在时，物体反射回来的光线就被阻挡物挡住，不能被人的眼睛接收，这样人就无法看清这个物体了。

螳螂因为身体小，用一片树叶挡住自己时也挡住了自己身体反射出

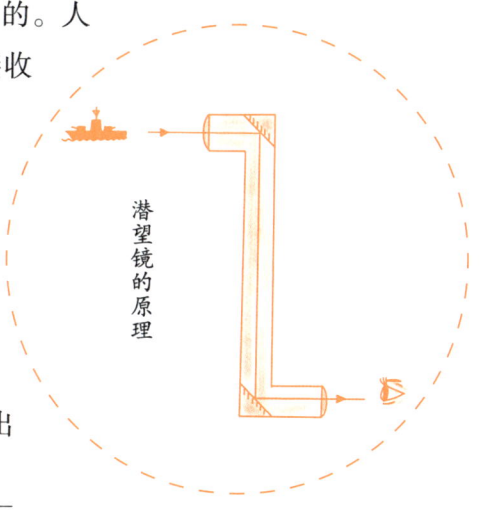

潜望镜的原理

的光线，所以蝉无法看到螳螂，书生拿着树叶挡住自己的眼睛后，挡住的是前面物体反射到自己眼睛里的光线，却没有挡住自己的全部身体，所以，书生看不见对面的物体，但别人却可以看见他。

光是沿直线传播的原理在实际生活中非常有用。比如人类发明的探照灯、望远镜、照相机等就是利用这一原理。将光照强度很高的光线投射到探照灯能覆盖的范围，物体反射回来的光线强度增大，所以即使在黑夜里，也可清楚看见周围的物体。

但因为光线只能沿直线传播，所以在潜水艇中便无法看到水面上的情况，为了解决这个问题，人类发明了潜望镜。潜望镜的主要原理是借助多个镜子的组合，通过镜子的反射改变光线的传播路径，从而使潜水艇中的人能够看清水面上的世界。根据同样的原理，人类也发明了汽车后视镜，让司机坐在车里也能方便地看到汽车侧面和后面的情况，提高了行车的安全性。

出处：《鹖冠子·天则》："一叶蔽目，不见太（泰）山；两豆塞耳，不闻雷霆。"

释义：障：遮挡。一片树叶遮住眼睛，连泰山也看不见了。比喻被局部的、暂时的现象所蒙蔽，不能看到事物的全貌或问题的本质。

小锦囊：对事物，我们要学会全方位地、以发展的眼光看待，而不能目光短浅，凭自己的主观臆断，落得贻笑大方。

凿壁偷光

爱读书的"小偷"

人们说起小偷,都会忍不住骂他们一顿,但是,在西汉时期,有一个"小偷"却让人敬佩不已。这个"小偷"名叫匡衡,他是一个贫困的孩子,因为家里穷,所以没钱上学。可是,匡衡很想读书,就跟一个亲戚学习认字,后来具备了阅读的能力。

自从会认字之后,匡衡爱上了看书,但家里又买不起书,他只好去借。那个时候,书是非常贵重的,只有家境富裕的人家才舍得花钱买书,匡衡为了借到书,就去这些有钱人家里打工,他不要工钱,只求能借书看。

匡衡渐渐地长大了,他的活儿越来越多,看书的时间却越来越少了,只有中午休息的时候才有时间看一会儿书。由于家里穷,买不起灯油，所以到了晚上，他虽然有时间但没法看书。晚上睡觉前，他常常看着天上那一轮月亮想：月亮啊月亮，如果你能照亮我的书本，那该多好啊。想虽然是这样想，但月光实在是太微弱了，根本无法看书。

有一天晚上，匡衡发现邻居家的灯光从墙壁的缝隙里透进来，他灵机一动，就把墙缝挖大了一些。这样，更多的光线就透了过来，他拿着书本凑上前一看，嘿，能看到字了！于是，匡衡就"偷着"邻居家的光认真地看起书来。经过长期的刻苦学习、钻研，匡衡终于成了一位有学问的人。

如何能将邻家的光偷过来？

匡衡只是在与邻居家相隔的墙壁上挖了一个小洞，这个小洞不仅人不能钻进去，连小猫也钻不过去，但是，这个小洞却给匡衡带来了光亮，他终于能用一片光亮看书学习了。为什么一个小洞就能偷来邻居家的光亮呢？

其实，还是那条最常用的物理学原理：光在均匀介质中是沿直线传播的。

虽然匡衡家和邻居家分属两个不同的空间，但一个小洞却让两家的空气连通在一起，且他们两家的空气中的各种物理性质均相似，属于均匀介质，于是，邻居家的光线就通过小洞传播到了匡衡家。匡衡将书放在光线能照射到的地方，书上的文字就可以将光线反射到匡衡的眼睛里，文字的颜色和书的底色不同，反射到匡衡眼睛里的光波组合也不同，于是，匡衡就可根据这些差别分辨出书里的内容了。

出处：晋代葛洪《西京杂记》卷二："匡衡字稚圭，勤学而无烛，邻舍有烛而不逮。衡乃穿壁引其光，以书映光而读之。"

释义：原指西汉匡衡凿穿墙壁引邻舍之烛光读书。后用来形容家贫而读书刻苦。

小锦囊：不论处在一个怎样的环境中，只要掌握一定的科学知识，积极开动脑筋，就可以找出解决问题的方法。虽然匡衡凿壁偷光的故事我们不会遇到，但他的精神仍然值得我们学习。

真金不怕火炼

|不一样的金子|

古时候，有一户富裕人家，家里珍藏了不少金银珠宝。有一次，这家人请了一个教书先生来给自家的小儿子上课，教书先生一踏进门就看到里面装饰得金碧辉煌，不禁感叹道："真是富有啊！"这家主人听了，就笑了笑，露出一副得意的表情，说道："先生见过比我家更富裕的吗？"教书先生摇摇头说："没有，我教过的学生里面，你家是最富裕的。"

可没想到的是，大约一个月后，一场大火把这户富裕人家烧了个精光。看着原本金碧辉煌的家如今变成一堆灰烬，主人十分痛苦，半天说不出一句话来，而那小儿子则在那堆灰烬里努力地寻找着，希望能找回一些值钱的东西。

果然，在一堆灰烬里，他发现一道金光闪了出来，他跑过去一看，忙叫起来："爹，我们家的金饼没有被烧坏，还完好无损呢！"

主人和教书先生听到后，就走过去看，只见那金饼闪烁着金光，在一堆灰烬里显得格外耀眼。教书先生这时说道："只要是金子，走到哪里都会发光呀！"

真金为什么不怕火炼？

金，和银、铜、铁一样，也是一种金属，由于它的色彩为黄色，所以外汇市场俗称"黄金"。真金不怕火炼主要有两个原因：一是它的熔点非常高，大约为1064℃，生活中常见的火根本无法达到这么高的温度，所以无法熔化它；二是它的化学性质非常稳定，除了能溶于王水和汞外，几乎不会和其他物质发生化学反应，抗氧化、抗腐蚀的能力非常强，即使在高温环境下，也不会和氧气发生化学反应。

也许有人会问：如果比熔点，铜的熔点大约是1083℃，铁的熔点

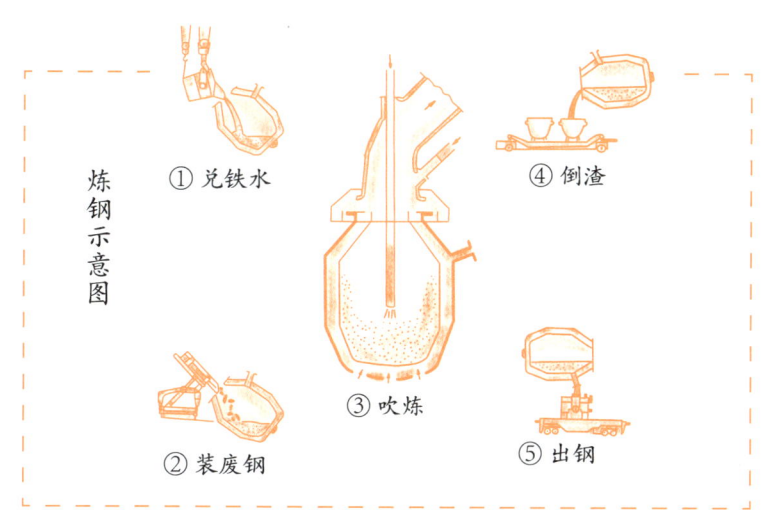

炼钢示意图
① 兑铁水
② 装废钢
③ 吹炼
④ 倒渣
⑤ 出钢

大约是1538℃，这两种金属的熔点都比金高，为什么也怕火呢？

因为铜、铁等金属虽然熔点高，但化学稳定性比金差远了，铜、铁在常温下就会被氧化，在高温下氧化程度会大大增加，生成新的物质，所以将金、铜、铁等金属物质放进火中煅烧，之后，金还是金，其化学成分、重量、颜色等都不会发生改变，而铜和铁却已经不是纯净的铜和铁了。

假黄金为铜锌合金，俗称黄铜，外观与金相似，在高温环境下会因氧化而变成黑色或者灰色。用火一烧，即可分辨出真假黄金。

出处：清代无名氏《好逑传》第八回："谁知你们真金不怕火，礼则礼，情则情，全无一毫苟且之心。"

释义：比喻坚强或正直的人经得起各种考验。

小锦囊：我们要能承受得起生活的磨炼，遇到困难就放弃的人是永远不会成功的。

钻木取火

啄木鸟的启示

很久很久以前,在昆仑山上住着一个氏族。

那时,他们还不会用火烤东西吃,吃的食物都是生的,直到有一天,他们看到了一只啄木鸟正在啄木头,由于啄木鸟的嘴非常尖利,长时间啄木头后,人们看到有火花从木头里溅出来,他们感到很好奇,就找来一块木头和一把尖尖的木棍,学着啄木鸟的样子,用尖木棍不停地"啄"木头。

坚持了一阵,奇迹出现了,只见那木头迸出了火星,人们继续不停地"啄"着,木头慢慢冒出了烟,最后,木头燃起了火。大家看着这火焰,感觉很奇怪,心想:这到底是什么呢?这时候,走来一个年轻人,他刚刚捕到一只野猪,正准备和大家分着吃。

有个小孩分到肉后，就把肉用木叉叉起来，放进火里烤，烤了一阵后，一股浓郁的香味就飘了出来，把大家都吸引过去了。小孩拿起烤肉咬了一口，惊叫道："真好吃啊！"

后来，人们学会了用钻木取火的方法来取火烤食物吃。

为什么钻木可以取火？

随着科学技术的发展，现代人取火已经非常容易了，比如用打火机、火柴以及汽车上的点烟器等，但在古代，取火却非常困难，要耗费不少时间和力气，比如钻木取火。

钻木取火的主要原理就是摩擦生热。如果我们将两只手的手掌相对紧贴在一起来回搓动，就会明显感觉到手心发热，这就是摩擦生热的结果。当这种热能作用于可燃物让它的温度提高到燃点以上时，就会发生燃烧现象，从而取到火。

钻木产生的热量是比较小的，为了让这样小的热量引出火来，必须要选用燃点低的可燃物。不同的树木结构不同、干湿度不同、密度不同，燃点也不同，选用树木比较干燥、结构比较松散、质地比较疏松的树木相对较容易取到火。

钻木取火的钻头不能用现代常见的铁质钻头，因为铁的硬度大，钻头在钻木过程中容易很快地钻穿木头带出大量木屑，让热量散发，并且铁的热传导性能好，摩擦

过程中产生的热量容易迅速通过钻头传递出去。钻木取火用木棍作为钻头，一方面可与被钻的木头保持长时间的摩擦而不被钻穿，另一方面，也可降低热传导以利于迅速聚集热量。

出处：《关尹子·二柱》："形之所自生者，如钻木得火。"

释义：硬木棒对着木头摩擦或钻进去，靠摩擦取火。比喻持之以恒、坚持不懈就会迎来成功。

小锦囊：普通的木头看似没有什么能量，但通过摩擦能使它产生火，可见，对待一个人也应当如此，因为每个人都有自己的潜在力量，就看你如何去发现。

坐井观天

青蛙的天空

有一只小青蛙很恋家，它把一口井当成了自己的家。

小青蛙常常会仰望井口上方那一小片蓝天，心想：外面的世界真小呀，还不如我的家宽敞呢！有了这样的想法后，小青蛙就更恋家了，它在井底下安静地度过了很长的日子。

有一天，一只小鸟落在了井口边上，小青蛙看到了，连忙说："小鸟，天空那么小，你是不是感到很没意思呀？你飞下来，我陪你玩吧。"

小鸟摇摇头，露出一脸惊讶的表情，说："天空一点也不小，一眼望不到边，它大得无法形容呢！我这是飞累了，才停下来休息的。"

坐井观天

　　小青蛙一听，露出一副不满的表情，说："你真会说大话，我明明看到天空只有井口那么大，怎么会望不到边呢？"

　　这时候，小鸟挥舞着翅膀飞了起来，它一边飞一边说："小青蛙，你爬出来看看吧，我从来不说大话的。"说完，小鸟"扑棱"着翅膀飞走了。

　　小青蛙望着那片只有井口大的天空，心想：这只小鸟真没见识！

为什么井下的视野那么小？

　　青蛙坐在井里，看见的天空只有井口那么大，于是认为天空只有那么大，还不如他的家（井底）宽敞呢，于是安心地住在井底过日子。

　　为什么井下的视野那么小呢？

　　这是因为光是沿直线传播的，井口正上方的光线通过井口沿着直线进入青蛙的眼睛，青蛙就能看到井口上方的天空。因为井口范围之外的光线在传播过程中被井壁挡住，无法到达青蛙的眼睛，所以青蛙就看不到广阔的天空，而误以为天空只有井口那么大。

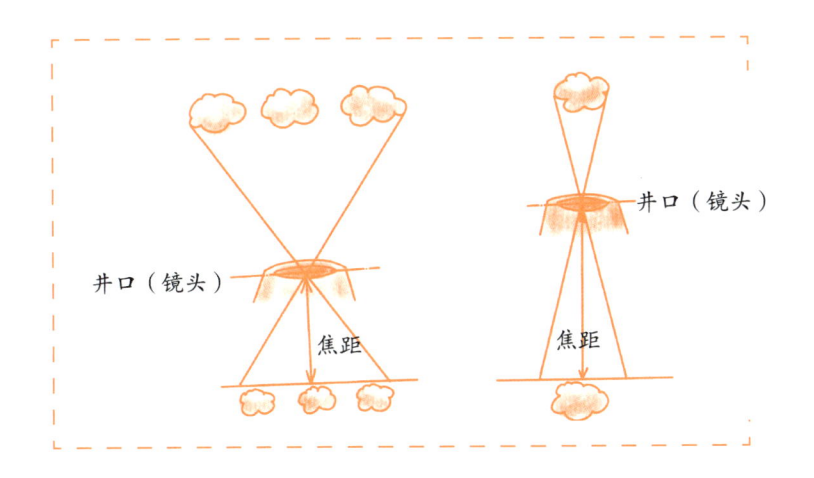

根据光是沿直线传播的原理，在井口位置和大小不变的情况下，如果为了扩大视野，可以通过改变井口与青蛙之间的距离来实现。可以设想一下：如果青蛙能勇敢地往上爬一段距离，让自己离井口的距离短一些，那么它所能看到的天空一定比在井底要大很多，青蛙离井口的距离越短，能看到的天空就越大。

照相机就是运用了这一原理，即使站在同一个位置，运用不同的镜头，调整不同的焦距，拍摄到照片的视角范围也会有很大差别。广角镜头比中焦镜头视角范围大，中焦镜头比长焦镜头视角范围大，焦距越短，视角越大。

改变青蛙与井口的距离实际上就是改变焦距。

出处：韩愈《原道》："坐井而观天，曰天小者，非天小也。"

释义：坐在井底看天。比喻眼界狭小，见识浅陋。

小锦囊：坐井观天告诉我们不能满足于眼前，应该开阔视野，跳出井外，多去外面看看，才能了解到世界很大，才能明白"天高任鸟飞，海阔凭鱼跃"的道理。